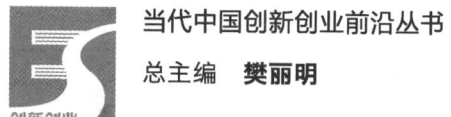

当代中国创新创业前沿丛书

总主编　樊丽明

Entrepreneurship Education
"服务+"创业型人才培养

——上海财经大学创业企业案例集

刘兰娟　主　编

上海财经大学出版社

图书在版编目(CIP)数据

"服务+"创业型人才培养 / 刘兰娟主编. ——上海：上海财经大学出版社，2016.12
（当代中国创新创业前沿丛书）
ISBN 978-7-5642-2607-7/F.2607

Ⅰ.①服… Ⅱ.①刘… Ⅲ.①高等学校-人才培养-研究-中国 Ⅳ.①G649.2

中国版本图书馆 CIP 数据核字(2016)第 278224 号

□ 责任编辑　陈　佶
□ 封面设计　张克瑶

"服务+"创业型人才培养
——上海财经大学创业企业案例集

刘兰娟　主编

上海财经大学出版社出版发行
（上海市武东路 321 号乙　邮编 200434）
网　　址:http://www.sufep.com
电子邮箱:webmaster @ sufep.com
全国新华书店经销
上海华业装潢印刷厂印刷装订
2016 年 12 月第 1 版　2016 年 12 月第 1 次印刷

787mm×1092mm　1/16　9.75 印张　207 千字
印数：0001—3000　定价：40.00 元

当代中国创新创业前沿丛书编委会

编委会主任：
  樊丽明（上海财经大学校长）

编委会副主任（按姓氏首字母排序）：
  刘兰娟（上海财经大学副校长）
  万黎峻（冠生园集团有限公司总经理）
  钟晓敏（浙江财经大学校长）

编委会成员（按姓氏首字母排序）：
  陈忠卫（安徽财经大学副校长）
  杜承铭（广东财经大学副校长）
  冯　林（大连理工大学创新创业学院院长）
  胡文波（山东财经大学副校长）
  李小鲁（中国职业技术教育学会副会长）
  刘金兰（天津财经大学副校长）
  刘志阳（上海财经大学创业学院执行副院长）
  马　骁（西南财经大学副校长）
  邱伟芬（南京财经大学副校长）
  王　立（内蒙古财经大学副校长）
  王文贵（中南财经政法大学党委副书记）
  王晓萍（云南财经大学副校长）
  王永贵（对外经济贸易大学国际商学院院长）
  邬建辉（大华会计师事务所董事长）
  杨春梅（吉林财经大学副校长）
  张　维（天津大学管理与经济学部主任）
  张耀辉（暨南大学创业学院院长）
  张玉利（南开大学商学院院长）

代 序

创新创业教育是高教综合改革的突破口

上海财经大学校长 樊丽明

正在积极建设全球科创中心的上海,已将全面推进创新创业教育正式提上议程。在当前新的背景下,如何正确认识创新创业教育的实质,把握高校创新创业教育国际趋势,根据高校自身实际推进创新创业教育的不断深入,是高校面临的重要课题。

创新教育由来已久。"创业教育"概念的正式提出源自1998年联合国教科文组织发表的《21世纪的高等教育:展望与行动世界宣言》,该文认为创业教育将是21世纪青年除学术教育和职业教育外的第三本教育护照。

在"大众创业、万众创新"的大背景下,创新创业教育不仅成为国内高校教育教学的必备内容,而且成为中国高等教育综合改革的突破口。

一、正在建设科创中心的上海,亟须提高创新创业教育水平

美国管理学大师汤姆·彼得斯(Tom Peters)曾说:"差距已经消失,要么创新,要么死亡。"新常态下中国经济可持续发展的关键在于创新驱动,上海作为全国改革开放的排头兵和创新发展的先行者,正在加快建设具有全球影响力的科技创新中心,探索一条具有时代特征、中国特色、上海特点的创新驱动发展新路。

自2014年5月习近平总书记提出将上海建设成为"全球科技创新中心"的战略以来,上海市一直致力于把握科技进步大方向、产业变革大趋势、集聚人才大举措,并取得令人瞩目的成果。

目前,全市从事科技活动的人员超过20万,其中中国科学院、中国工程院院士165位,占全国总数的11%。在沪外资研发中心达到300多家,其中世界500强企业研发机构120多家,分别占全国总数的1/4和1/3。在沪高校各类国家重点学科数、高端人才数以及创新群体、创新团队的总量均位居全国第二。

在创业方面,上海2015年新设企业25.43万户,同比增长13.1%;新增注册资本3.11万亿元,同比增长67.6%。平均下来,相当于上海每天诞生1 087户企业。"阿里巴

巴云创客""腾讯众创空间"等知名品牌也正式落户上海,成为助推上海建设全球科创中心队伍中的重要成员。

在科创中心建设取得巨大突破的同时,上海应有一种警醒意识,直面"科创"短板,解决相关问题。日前,中国人民大学发布《中国城市创业指数(2015)报告》,上海位居北京、广州、深圳、宁波、苏州、珠海之后,仅列第七。一些专家表示,在鼓励创业、支持创业、宽容失败的社会氛围中,在国际化、市场化、法治化的营商环境下,上海尚未跟上国际创业型城市的步伐。

除此之外,创新创业教育供给不足也在一定程度上抑制了上海创新创业人才的涌现。据上海零点发布的《上海大学生创业现状调研报告 2015》指出,上海大学生综合创业指数得分达到 60.8 分,略高于分界线 50 分,虽然学生创业热情高涨,但其中真正选择去搜集信息、学习知识、培养自身能力并且积极寻找合适机会的人数不到 10%。上海高校林立,高教资源丰富,这里既不乏精英教育,也有达到一定水准的职业教育,目前亟待提高的正是创新创业教育。

作为科创中心的知识源头、创新创业人才的培养场所和创新成果的诞生地,高校的创新创业教育是创意转化为现实价值的纽带,是引导市场资源配置的信号,更是驱动社会发展的重要引擎。万丈高楼平地起,没有良好的创新创业教育,难以维持创新创业浪潮的持续推进,也就难以实现"创新中国"的伟大梦想。上海建设全球科创中心,创新创业教育必须成为有力的助推器。

二、领先的创新创业教育并非"模式化",而是"特色化"

从世界范围看,欧美大学已经走在创新创业教育的前沿,并在摸索的过程中形成了自己的特色教育模式。

美国是最早开展创新创业教育的国家,迄今已逾 60 年。其中,百森商学院(Babson College)是全美创业教育排名第一的学校。该校追求卓越的创新创业精神一直贯穿于其发展轨迹。百森不仅重视创业课程教育,而且关注创业实践。在创业课程方面,它将创业思维和行动融入课程中。本科生和研究生,不管他们的方向如何,都将学习到创业技术作为基础。选择创业作为方向的学生还会学习关于可行性分析和创业计划的核心课程。在创业实践方面,学校开展多样化的活动帮助学生提高实践能力,如"加速器"、暑期创业项目、商业大赛和杰出企业家协会等。其中最有特色的"加速器"项目,不仅在校本科生、研究生均可参加,每一环节均可得到教师顾问的支持,而且通过"加速器"的多环节学习训练,可以提高学生的创业能力。

美国另一所创业型大学——斯坦福大学——则十分注重营造校园的创业氛围。学校各类创业中心、创客空间和校企合作交相辉映,使在校生得到了大量创业机会,并可积累创业经历。学校的创业文化还表现在鼓励教授创业。所有教授均可申请两年的"创业假期"。走出校园的教授更能看清社会的真正需求,帮助学生更好地结合实际、发现问题。

斯坦福大学开放式的创新创业教育，还体现于学科间的深入合作交流。其创业教学和研究主要分散在商学院、工学院、医学院、法学院和教育学院中，而校内所有的创业相关研究中心或项目、学生协会、技术授权办公室等联合组建了斯坦福创业网络（简称SEN），目的是连接斯坦福的所有创业"社区"（community）。这个组织为所有的斯坦福"社区"服务，包括各院系的同学、教师、员工和校友；它还努力帮助各院系师生与硅谷的其他创业"社区"建立联系。

英国政府于1987年发起的"高等教育创业"计划（EHE）旨在培养大学生的可迁移性创业能力。创业教育队伍中的佼佼者——谢菲尔德大学认为，"创业能力"并非指创业学或者商业技能，而是指学生急需的一系列成熟并起作用的技巧，使他们能在当今全球经济中选择领域并成为领域内出色的领导者。谢菲尔德大学非常重视学生的创业教育参与度与体验感。例如学校开展的"领导能力大挑战"，是一个像游戏一样的创业活动，要求小组成员必须选择担任一个领导角色以帮助团队达到既定目标。无论小组活动成功与否，他们都有机会反思如何才能成为一个好的领导并且团队成员如何对领导做出有效反应。该校一直将创新创业教育根植于现实，设法使在校生校园活动与不断发展变化的商业活动尽可能联系起来，让学生认识商业组织和经营管理。

从世界范围看，这三所大学已经走在创新创业教育前沿，并在摸索的过程中形成了各自的特色教育模式。百森商学院重视创业课程与创业实践的结合，斯坦福大学重视创业氛围的开展与创业网络的连接，而英国谢菲尔德大学则侧重于学生在创业实践中的感知。三所高校所展现的特色，对于国内高校而言更多的是学习借鉴，而非孰优孰劣。

三、创新创业教育本质不是培育项目，而是对"人"的教育

教育，至少需要明确教育目标、教育内容和教育途径问题。创新创业教育本质是对"人"的教育。欧美高校在创新创业方面的一个共同点在于确立学生的主体地位，其中谢菲尔德大学尤其重视学生在创业教育中的切身体验和主观感知。创新创业教育的核心是"教育"，而"人"不但是出发点也是落脚点，因此，其实质应该是实现对"人"的教育，而非对"项目"的教育。"项目"只是培育创新创业人才的重要载体。"项目"即使失败了，但是创新创业的种子一旦植入年轻学子的心灵，我们相信一定会在恰当的时候开花结果。创新创业教育不仅强调面向个体提供设计思维训练，强调机会识别和开发能力，更强调培养学生在别人犹豫不定的问题上具有洞察力和自信心。正是在这个意义上，我们提倡创新创业教育，是提倡一种培养能力的实践教育，也是提倡一种尊重创新的"宽容失败"的文化，更是提倡一种自我挑战的基于"人"的全面发展的教育。

正如美国普渡大学副校长迪巴·杜塔所表示的，高校创新创业教育往往存在一个重大的疏忽——只关注创业却忽略了创新。事实上，创新教育与创业教育两者在本质上是互相渗透和融合相通的，真正的创业教育必须以创新教育为基础，而创新教育往往以创业教育为载体和实现形式，其核心理念仍然是面向全体学生，结合专业教育，将创新创业教

育融入人才培养全过程。两者的差异主要在于创新教育重视的是学生的创新意识和创新精神的培育,通过激励学生发现问题并多角度思考问题、解决问题从而激发学生的创新欲望,创业教育则更注重培养学生的实践能力,尤其是商业化的运作能力,而不是将创新理念停留在纸面上。

创新创业教育的基本途径是课堂内的课程教学和课堂外的实践锻炼,也就是"第一""第二"课堂。课程教学既要面向全校学生,在专业教育中渗透创意、创新和创业精神,又要通过提供系统解决方案来帮助部分具有强烈创业意愿的学生成为大学生创业的种子选手和创业引领者。课程设计要致力于打破学科间的壁垒且强调综合的、整体的学习方法。课堂外的实践主要为学生提供指导与咨询、资本获得和物理空间这三方面的基础支持。指导与咨询需要学校为创业学生配置导师,解决学生在创业过程中的组织冲突、项目前景和融资问题;资本是创业项目孵化与成长的重要支撑,学校要尽力帮助学生解决在创业的早期阶段所需的初始成本问题;而物理空间则是创业者之间进行交流、学习的平台。

四、财经院校的探索:启动"服务+"创新创业人才培养

在创新创业教育探索中,不同高校应依据自身实际走出各自的特色道路。财经院校学科的最大特色就是"服务",会计、财务、金融、营销、信息管理等都是服务。我们认为,财经院校可以通过创新创业教育推动"服务+"其他行业的创业实践,通过推动服务创新催生新项目、新模式、新业态、新产业。

上海财经大学正在探索将创新创业教育融入卓越财经人才培养的全过程。在实践中,学校依托创业学院这一重要抓手,积极推动"服务+"创新创业型人才培养,有效增加创新创业型人才供给,提高卓越财经人才培养质量。

经历了一段时间的探索,上海财经大学创新创业教育实践已初显成效。2015年学校创新创业计划立项159个,参与人数达611人,占全校本科生人数的8%。目前,上海财经大学已涌现出一批创新创业"新苗"。"匡时班"作为创业学院特色班,一期学员47人,基本上实现人人有项目、个个有目标。这些项目集中在科技服务、金融服务、法律服务、市场服务等方面,目前已有18家公司注册,多家获得天使投资。

高校开展创新创业教育需要健全体制机制。结合上海财经大学的实践,我们认为,要进一步深化高校创新创业教育改革,应该继续推进五个层面的工作:

一种协同工作体制机制。要将创新创业教育纳入学校改革方案,形成保障体系。上海财经大学成立了创新创业工作推进领导小组,统筹协调创业学院与教务、研究生院、学工等单位。学校还成立了由校内外专家组成的创业学院顾问委员会,负责为创业学院提供外部资源支持,对创业团队予以贴身指导。在校内,由教务部门负责人和教研专家参与的创新创业教学指导委员会主要负责创新创业教学改革咨询、培养方案审核以及教学质量控制等。

一支双导师队伍。在现有基础上继续探索建立面向创新创业学生的导师制度。通过大力推进业界创业导师聘任,推进专职师资招聘,利用外部资源设立创业讲席教授,探索优秀导师制与项目培养之间的衔接关系。

一批创业基金。上海财经大学每年为创业学院提供专项运行经费,并利用学校教育基金会等平台,多渠道募集创业资金支持学生项目孵化。

一批创客空间和创业实践基地。通过在校内建设创客空间,在校外借助科技园的力量与政府合作打造6个产业孵化基地以及在知名企业内部设立创业实践基地,为优秀创业团队提供创业初期的办公场所、创业指导咨询等服务。

一种宽容失败、鼓励创新的校园文化。校园创业文化的培育和引领能从根源上解决创业原动力不足的问题,增强创业活力。

高等教育作为国家发展的重要支撑,理应主动适应经济新常态,为国家实施创新驱动战略提供人才保障和智力支持。在"双创"背景下,大学必须积极回应时代的新要求,将变革创新的企业家精神引入校园,积极构建创业型大学的发展新模式,推动创新创业教育的大力发展,这是高教改革迈出的重要步伐。

目　录

代序：创新创业教育是高教综合改革的突破口　　1

挂科险　　1

  1　创始人简介 / 1
  2　项目概述 / 2
  3　创建过程 / 3
  4　项目特色 / 6
  5　案例点评 / 12

e 电充和 4G 绿色梦想　　14

  1　创始人简介 / 14
  2　项目概述 / 15
  3　创建过程 / 16
  4　项目特色 / 20
  5　案例点评 / 24

快乐小鸭：中国青少儿陶艺领导品牌　　25

  1　创始人简介 / 25

2 项目概况 / 25
3 创建过程 / 26
4 项目特色 / 32
5 案例点评 / 36

金融教育平台 WESTARTIN　　37

1 创始人简介 / 37
2 项目概述 / 37
3 创建过程 / 41
4 项目特色 / 43
5 案例点评 / 46

推推购：电商与斜杠人经济的结合　　48

1 创始人简介 / 48
2 项目概述 / 49
3 创建过程 / 52
4 项目特色 / 53
5 案例点评 / 58

库米科技拥抱"服务+"　　60

1 创始人简介 / 60
2 项目概述 / 61
3 创业过程 / 61
4 项目特色 / 68
5 案例点评 / 70

青租界　　71

1 创始人简介 / 71
2 项目概述 / 72
3 创建过程 / 78

4 项目特色 / 80

5 案例点评 / 97

运去哪——新国际物流服务　　99

1 创始人简介 / 99

2 项目概述 / 99

3 创建过程 / 101

4 项目特色 / 103

5 案例点评 / 110

从 Together 到精通创服　　111

1 创始人简介 / 111

2 项目概述 / 111

3 创建过程 / 114

4 项目特色 / 120

5 案例点评 / 126

约健　　127

1 创始人简介 / 127

2 项目概述 / 128

3 创建过程 / 129

4 项目特色 / 131

5 案例点评 / 138

【服务＋金融】

挂科险

1 创始人简介

邵天宇：上海财经大学金融学院大四学生，是互联网金融领域新生代创业者，致力于互联网金融创新，具有丰富的决策与管理经验，精通新媒体运营和话题营销，决策果断，长于表达，熟悉投融资，对学生市场和互联网保险行业有敏锐嗅觉和独到观点，擅长组织大规模学生活动以及跨部门协调指挥，是新时期精英大学生的代表人物。

徐烨丞：上海财经大学大三学生，创业学院匡时班一期学员，中国新生代青年创业创新实践者，已有两次创业经历。从运营管理至市场营销，熟悉产品所涉及的各个领域及其目标客户的特点，扎实掌握互联网金融市场及其相关投资领域的核心知识技术，能够以敏锐的目光与独到的方式改善产品上下游环节，对于新型互联网金融产品有着丰富的宣传推广经验。

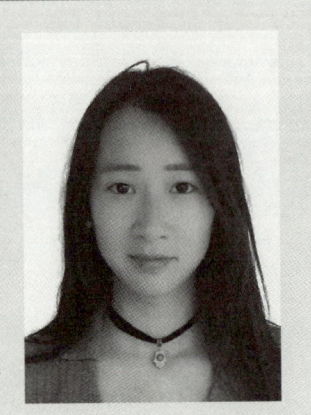

管凌于：上海财经大学金融学院大四学生，创业学院匡时班一期优秀学员。在开始创业前从事户外运动，并将登山者精神转化为企业精神。曾于多家互联网保险公司学习，具备良好的管理能力与金融视野。创办公司之前，有着丰富的创业公司实习、运营、工作经验。在校领导过多个项目及社团，皆获得学生的热烈欢迎。对市场及销售方面有着浓厚的兴趣，有着极强的公关能力。

2　项目概述

挂科险项目是上海坎诺商务咨询有限公司（成立于2015年6月）旗下产品，立足于类保险服务行业，利用金融化思维对服务产品进行包装，既规避保险经营监管方面的法律风险，又以创新性的包装形式让人耳目一新。公司目前已推出"挂科险""减肥险"两款产品，并立志成为全国首家针对个人生活化场景的类保险服务平台。

市场调查数据显示，互联网保险行业于2015年迎来了发展元年，即将进入全面爆发期。而类保险服务行业作为互联网保险的细分衍生行业，专注于以专业的金融化思路对传统服务产品进行再升级，并必将伴随着互联网保险的发展而崛起。目前公司推出的两款主打产品——挂科险及减肥险——已经经过三轮的产品迭代，形成现在的产品模式。对用户来说，这是配有服务的激励型产品，用户购买产品，在计划期内享受配套性服务并应实现目标，若目标成功则获奖励；对第三方服务商来说，公司筛选优质的服务商，将服务与产品对接，在大大降低服务成本的基础上实现商业闭环。目前，减肥险与挂科险产品已经累计销售两期，累计订单2 263份，累计客户1 650名，产品线上发布帖阅读量累计已达28万次。公司已与多家知名企业达成合作，并被《人民日报》等多家媒体进行报道。

公司将金融知识储备与营销能力相结合，一方面，利用大数据整合，用多种模型分析历史数据，制定产品定价；同时，建立严格的风险控制体系，从产品前、中、后三端有效控制风险、降低成本。另一方面，公司为用户配备互动跟进式服务流程，真正帮助客户达成目标、实现价值。公司从2016年开始盈利，费用主要来自公司产品自身服务费、产品设计与广告费。目前公司已获得种子轮融资，正处于迅速扩张阶段。

挂科险项目目前已获得"创青春"上海市银奖，"三创赛"全国一等奖、上海市一等奖。

3 创建过程

3.1 发现机会

挂科险项目始于团队创始人在 2015 年期末考试时的一次小小尝试。挂科险的几位创始人在期末复习时非常担心挂科，便萌生了为自己买这样一份保险的念头，娱乐性地发布了"挂科险"第一期，引起财大师生的广泛关注与讨论。后来觉得这个想法很有创意，也没有人尝试过，所以就在共同考虑后进行了试运营。试运营引来了非常大的关注，也让他们决定继续这个项目。

交纳保费 5 元，即可获得 30 元的挂科补偿或者 20 元的满绩奖励，这便是挂科险和高分险的内容。有人提出，挂科反而获得补偿，可能会使同学们产生惰性。对此，团队成员们给出了合理解释。首先，产品金额设置非常小，仅有 30 元补偿；而挂科重修是需要学分的，以财大为例，超出学分限制，1 学分是 200 元，挂科的机会成本远远高于奖励，所以能够杜绝故意挂科这种现象。此外，数据显示，最终赔付的高分同学有 40 人左右，而挂科同学仅有 2 人，从实际结果来看，产品更多体现了对学生的鼓励性而非救助性。负责人也正在考虑未来给产品更名，改成类似"助学奖学金"这样更能突出产品属性、更具正能量的名字。

创始人因此进入匡时班进行创业理论的系统学习，以此为基础开始对互联网保险行业的思考与实践。挂科险项目立足于校园生活的类保险服务领域，专注于为用户提供具有激励性的场景化保障服务，同时通过为商家提供市场推广服务来完成商业闭环。

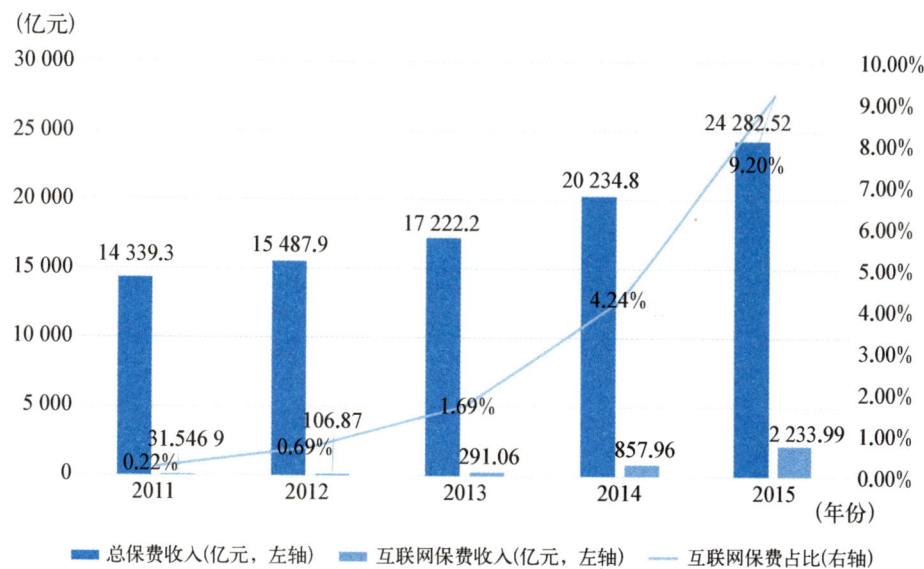

图 1 互联网保险发展趋势

随着互联网保险行业场景化、碎片化的发展趋势,保险保障与服务的界限逐渐模糊。而类保险服务作为互联网保险发展至今的衍生行业,更是受到了广泛的关注。类保险服务的本质并非保险产品,而是服务产品金融化,即以专业的保险设计思路对传统的场景化服务从服务定价、数据模型以及服务流程等方面进行金融化包装。该服务产品既规避了保险监管方面的法律风险,又以创新的包装让人眼前一亮。苹果公司旗下的 AppleCare 服务以及国内专注于车险领域的 OK 车险,都是类保险服务的典型范例。

互联网保险从 1997 年简单的信息发布平台发展至今,已经进入飞速发展阶段,并即将迎来全面爆发阶段。2015 年,互联网保费规模达 2 233.99 亿元,互联网保险企业突破 110 家,并实现超过 70 亿元的融资总额。而类保险服务行业作为从互联网保险衍生出的针对服务的细分行业,也必将随着 2016 年互联网保险的爆发而异军突起。

3.2　组建团队

创业初期,团队只有 3 个人,并没有明确的分工,后期规模逐步扩大,又招收了一些在市场推广、数据分析、宣传、财务等方面有一定专业技能的人才,逐渐形成现在的管理经营模式。

项目于 2016 年初成立公司,公司名为上海坎诺商务咨询有限公司,公司性质为有限责任公司,公司目前总部成员 8 名,分校代理人 9 名,具体结构如下:

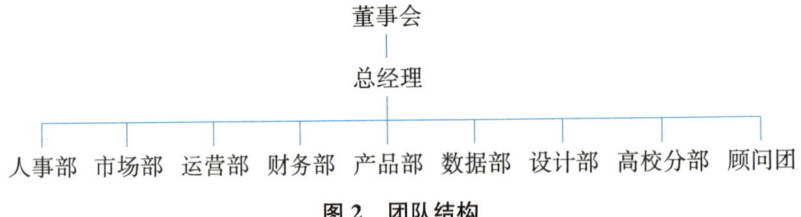

图 2　团队结构

董事会:由公司的股东组成,作为公司的决策层,进行公司总体战略的制定及未来发展的规划,并确定总经理人选。

总经理:作为公司业务执行的最高负责人,负责根据董事会制定出的公司战略及规划,保证公司各个部门业务正常运行,并决定各部门负责人人选。

人事部:负责公司的人事考评,督促各项工作的正常完成,积极联络高校分部成员,组织并记录各次会议,积极联络项目各方面客户及顾问。

市场部:负责开拓高校市场,寻找校园合伙人,并积极开拓各校线上合作宣传渠道以及线下供应商。

运营部:保证线上各宣传渠道的正常运营,如微信平台的发布、客服和 QQ 宣传等;策划并组织线下活动,如线下减肥险称重、高校推广宣传等。

财务部:负责公司资金的总体规划与运用,如制定财务预算、资金投资管理、融资计划决策等;负责日常会计与税务工作。

产品部：负责产品的研发与设计，如开发新险种，改进产品前后端服务形式，根据各高校特点修改产品；发掘并调查用户需求，如组织测评团进行产品评测，做用户需求满意度调查等。

数据部：作为公司的核心部门，负责收集处理产品数据，如分析用户指标及用户属性，根据赔付结果进行数据建模，制定产品定价与赔付金额等。

设计部：负责公司配套宣传产品的设计，以及 H5 页面的设计与修改。

高校分部：目前项目已经覆盖上海 9 所高校，包括上海财经大学、上海电力学院、上海健康医学院、上海交通大学、华东师范大学、华东政法大学、上海外国语大学、上海立信会计金融学院、华东理工大学。

顾问团：顾问团由公司运营中积累起来的用户、人脉资源组成。顾问团成员涵盖金融业人士、保险业人士、营销专家、技术人才等，顾问团成员身份包括有着奇思妙想的学生、在校专业型教师、有丰富从业经验的金融投资类人才、投资人等。顾问团成员不断地为公司的改进和发展提出建议。

三位创始人邵天宇、徐烨丞、管凌子目前分别担任总经理、人事总监和市场总监，团队中其他主要成员有：

运营总监：白婧雯

具有丰富的现代化企业运营经验和实战经验，有极强的管理能力、策划能力、推广能力和沟通能力。曾实习于全美排名第一的人寿保险公司香港分部，帮助该公司策划在中国内地的产品推广方案，设计的 BP 经评比获得第一名；曾负责 SufeEnactus 某项目运营工作，该项目最终获创行世界杯华东赛区一等奖。

财务总监：高菱梓

具有极强的交流协作能力，丰富的统筹策划大型活动的经验。曾服务于全球顶尖会计师事务所，参与多家上市公司年报审计，具有丰富的财务经验。

产品总监：魏亚军

熟悉经济规律、金融服务的创新金融产品设计师，曾实习于顶尖的互联网金融公司，兼备天马行空的创造力和优秀扎实的经济金融领域知识功底，同时熟悉数据分析、建模，擅长风险控制。

数据总监：刘铭

有扎实的数理统计基础，对时间序列分析、多元回归分析、计算统计等熟练掌握，熟悉 SAS 应用。有着丰富的数据分析处理经验，服务过多家顶尖企业，具备丰富的客服服务经验。

设计总监：陶一锴

中国新生代设计师，能准确洞察用户的审美倾向，对国内外平面设计潮流有敏锐的嗅觉，精通各种平面设计软件，擅长各种平面产品设计，而且擅长素描等手绘形式以及数字绘画，有丰富的平面设计经验和一定的交互设计经验。

商业作品类型：UI/UX 设计，VI 设计。

宣传总监：丁文佳

市场营销专业学生，曾在顶级公司市场部实习，同时有着两年的新媒体运营经验，对如何进行线上营销有独到的见解，对组织线下活动有着创新想法。

顾问团队：

首席创业导师	上海财经大学创业学院	执行副院长	刘志阳
首席战略指导	冠生园集团	总经理	万黎峻
首席法律指导	上海财经大学法学院	副院长	胡　凌
首席数据指导	上海财经大学信息学院	副院长	黄海量
首席金融指导	上海财经大学金融学院	副院长	刘莉亚
首席营销指导	上海财经大学工商管理学院	副教授	楼　尊

4　项目特色

4.1　商业模式

公司利用类保险服务的思路，对用户生活化场景所配套的服务进行金融化包装，例如"挂科险""减肥险"等服务与金融产品。通过设置激励目标，对达标用户进行奖励，同时对接优秀第三方服务商，在产品后端引入高质量服务，在大大降低服务成本的基础上完成产品流程与商业模式的闭环，实现客户价值与企业价值的双赢。

| 重要伙伴：
 1. 保险极客公司
 2. 其他保险公司
 3. 具备客户渠道的合作伙伴 | 关键业务：
 1. 激励计划开发
 2. 保险产品定制
 3. 保险销售

 核心资源：
 1. 互联网保险经纪牌照
 2. 网销保险技术开发 | 价值主张：
 1. 新颖：通过新颖的保险产品吸引目标人群眼球
 2. 优选：向保险公司定制最符合目标人群的保险产品
 3. 成本控制：利用保险经纪公司的流量优势降低保险价格，去中间化 | 客户关系：
 自助服务型客户关系，客户进行的基本操作都为线上自动完成，辅以部分人工运营与促销活动

 渠道通路：
 采用线上为主、线下为辅的渠道战略。线上以微信公众号为主，完成展业、销售、理赔等工作，线下在球场等做辅助宣传 | 客户细分：
 泛年轻人市场，即18～26岁的年轻互联网人，多为在校大学生及白领。具有一定的保险知识及保险意识，但缺乏消费引导 |
| 成本结构：
 价值驱动型成本结构，包括产品研发费用、市场营销费用 || 收入来源：
 1. 保险经纪收入
 2. 流量广告收入 |||

图3　公司商业模式画布

公司立足于大数据分析、模型精算,控制自身风险,完善产品定价,同时通过多渠道线上线下宣传,从学生市场切入,不断扩大市场份额并覆盖多阶层人群,树立品牌形象,拓展高校资源。公司以服务用户为宗旨,建立完善的保险后服务体系,不断学习互联网金融思维,改善产品,力争成为全国首家针对个人生活化场景的类保险服务企业。

4.1.1 概述

公司致力于"数据分析+服务对接",设计诸如"挂科险""减肥险"等贴合用户生活日常并且具有话题吸引力的服务产品。一方面,利用大数据整合,建立多种模型分析历史数据、调控风险,实现产品盈利;另一方面,利用自身流量优势提供或对接高质量服务,降低赔付成本,切实解决用户需求,提高用户黏性。公司利用"话题营销+深入各校推广+与客户的高频互动及跟踪"来不断扩大市场规模,积累客户资源、树立品牌形象,同时为自身培养储备人才,提升公司价值。

4.1.2 盈利模式

公司主要盈利来自三大板块:产品服务费、产品设计收入以及广告费用。

产品服务费收益一方面来自产品自身盈利,另一方面来自服务商返利。公司通过严谨的数据精算、模型定价等方式控制产品风险,目标是实现对客户的个性化定价,同时利用自身流量优势联络服务商,对接优质低价服务,从而系统性地把控产品风险,降低了逆选择与后端采购成本,并实现产品盈利。以目前运营状况来看,"减肥险"产品的利润率可达到50%,实现了产品盈利的预期。

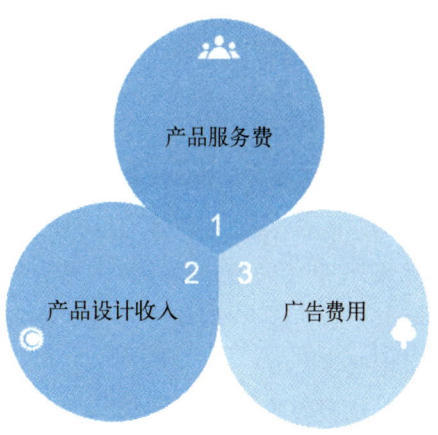

图4 公司主要盈利来源

产品设计方面,公司会为企业端提供产品设计服务来获得产品设计方面的收入。目前,公司已经为新航道、茵朗信息科技、拜博口腔等知名企业提供过相关服务。

最后,广告收入是公司的重要收入来源。公司筛选优秀的第三方服务商,将产品与服务对接,在为用户提供低成本服务的基础上获取广告收入。目前,公司已经与联通、OPPO、中博诚通达成合作,将作为公司活动与推广的主要支持方,对在校内的推广与运营提供有力支持。

4.1.3 发展规划

	市场规模	服务阶层	产品库	销售渠道
初创	上海财经大学	学生	挂科险	微信直销
目前	上海9所高校	学生+教职工	挂科险+减肥险	HTML5主页+线上直销
未来	华东地区	多阶层	多生活场景、多阶层覆盖的产品库	互联网保险平台及创意媒体

公司以服务对接为基础,进行金融创新尝试,致力于用"资本激励+对接服务"的模式为用户解决在生活中普遍存在的一些问题,实现产品价值。公司将紧追"互联网+类保险服务"的大趋势,进行产品和技术更新。在保证服务质量的基础上,从学生群体切入,获得用户基础,并深入挖掘,将业务拓展至多阶层人群,丰富产品库,设计用户终身产品。在数据能力逐渐提高、分析经验逐渐丰富后,可为服务商,例如教育机构、健身房,提供定价与产品设计服务,将其服务能力量化,为其推出"挂科险""减肥险"等促销套餐,为公司的社会服务打造基础。

从产品角度,团队将着重挂科险的广义线性模型研究,将客户的各方面影响因素量化,从而实现智能化自动为每一位客户定价,完成风险控制,降低逆选择。在减肥险方面,将引入经验费率模型,激励一些长期难以成功减肥的客户成功减肥。不断提高自身数据挖掘、分析能力,以大数据的视角分析整个上海市场,同时扎根每一所学校,深度挖掘其数据特殊性。此外,寻找生活领域优质服务商,开展深入广泛的业务对接,同时利用自身资源开辟自己专属的服务内容,最大限度发挥项目的人力优势,建立自有的多生活场景、多阶层覆盖的产品库。

从渠道角度,团队目前利用微信端总服务号的 HTML5 页面实现用户购买与管理,优化用户体验,方便客户管理,同时利用各分校公众号实现本校个性化宣传及工作调整。除此之外,利用微博、QQ 空间等贴合目标用户社交习惯的平台进行线上推广,与一些知名社交平台达成合作,帮助宣传。未来,将以互联网保险平台和创意媒体作为突破口,拓展更多销售渠道。

从服务阶层角度,"挂科险"将立足于上海辐射整个华东圈,并以学生作为切入口,覆盖包括校友、教职工、家长等多阶层人群。在未来,设计研发更多符合多阶层人群需求及特点的产品,让公司变成真正服务于社会的个人生活化场景的类保险服务平台。

4.2 产品迭代

第一代:激励性的产品理念

第一期的挂科险及减肥险运用纯现金的服务流程:用户以 5 元购买挂科险科目,达到 90 分以上获得 20 元现金奖励,未及格获得 30 元现金补偿;用户以 20 元购买减肥险,2 个月内成功减肥 4 千克能获得 150 元现金奖励。

在第一期产品的运营过程中,公司确定了产品的激励性与"pay for your efforts"的理念:不同于传统保险的救助性,公司认为每个个体所付出的汗水与努力都是有价值的,而公司愿意为用户的努力买单。

第二代:覆盖三端的风险控制体系

针对第一期运营所出现的逆选择过大、难以真正为用户提供解决方案的问题,公司针对产品的前、中、后三端重新制定了严格的风险控制体系。

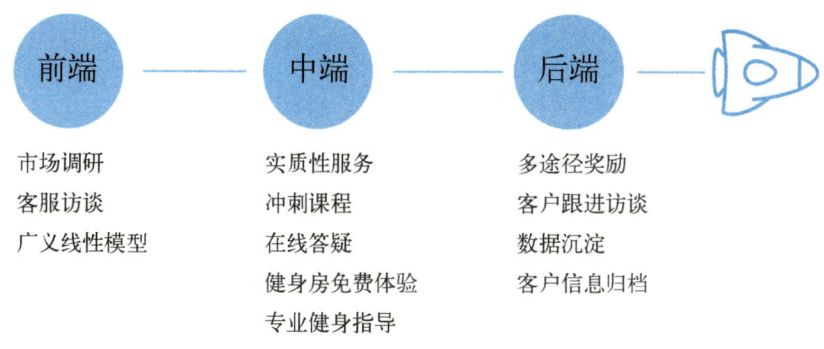

图 5　风险控制体系

产品前端,首先进行广泛的市场调研与客户访谈,对产品的市场可行性进行合理有效的分析。同时,利用广义线性模型及现有数据对产品进行数据分析,并引入经验费率的计算方法,制订合理定价方案。

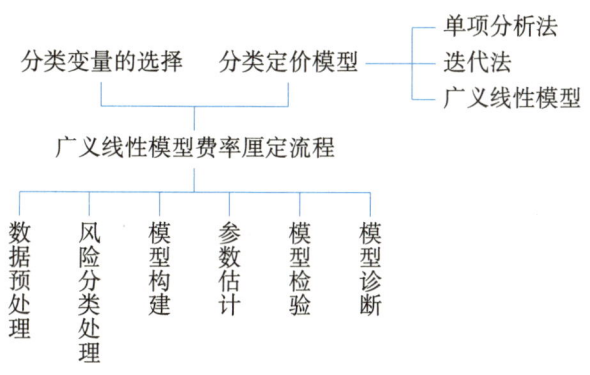

图 6　定价方案制订

产品中端,公司为用户配套实质性服务,有效满足用户在相应场景中的真正需求。例如挂科险相应的学霸资料、学霸答疑;减肥险相应的健身房免费锻炼、专业健身指导。

产品后端,一方面进行多途径奖励,以"服务＋现金"的形式降低公司的奖励成本,丰富用户的奖励形式,并进行用户理赔数据(用户信息)归档,建立用户私人个性化档案沉淀数据;另一方面引入精选的第三方服务商的优质化服务,为用户提供更多样化、更专业的服务。

经过实践,全阶段的风险控制体系大大提升了公司的风险预估能力,并将可能性损失降低至原先的35%以下,并通过厂商提供的服务降低了理赔成本。

第三代:互动跟进式服务体系

在成功实现风险可控化后,公司继续就提高用户黏性方面进行产品改进。舍弃原有单纯的"服务给予"方式,代之以"以用户为核心的主动服务"。在服务的过程中,公司以产品为单位建立用户社群,为用户制订分阶段的服务计划,并对用户进行阶段式奖励,保证在产品的服务期内,用户与产品间有着充分的信赖感与活跃度。在这样的设置方式下,公司提高了用户黏性,并真正帮助用户完成激励计划。

4.3 销售计划

4.3.1 营销现状

公司产品的销售主要通过互联网端实现,因此将线上推广作为主要销售渠道,截至目前,公司已成功运营半年,产品宣传文稿累计阅读量约 28 万次,平均每篇宣传文稿阅读量约 2 万次。据对微信、微博端的不完全统计,产品的持续关注人数约为 3 万人,其中潜在购买人群约为 2.5 万人。同时,公司采取了线下推广模式,产品的线下推广已实现对上海 8 所高校的覆盖,并将进一步在华东地区推广,发掘潜在购买客户。公司的订单总量已达 2 253 份,积累客户 1 630 人。产品的目标人群已实现由学生向教职工、家长、校友多阶层覆盖,预计在充分完成市场开拓后,上海大区的客户数量将增至 4 万人,潜在客户总量约为 60 万人。

与此同时,公司已与多家知名企业达成合作,并被 CCTV2、《人民日报》等十余家媒体进行报道。

4.3.2 产品策略

挂科险项目产品目前已经过三轮的迭代。对用户来说,将产品配以互动跟进式服务流程的激励型模式,具有轻而快的体验。对公司自身而言,通过前、中、后三端严格的风险控制流程,以尽量低的成本换取用户尽量优的服务体验。

下一阶段公司将研发并完善类似"挂科险""减肥险"等具有新意并且贴合用户需求的类保险服务产品,立足用户日常生活需求,用金融思维激励用户,用实际服务实现价值。在设计产品过程中,坚持"pay for your efforts"的理念,为用户的个人努力颁发奖励,肯定其自身努力的价值并激励其自我提高。同时,公司以互联网思维连接产品与用户,实现从销售、理赔到售后的网络化服务闭环。目前,互联网保险的一个典型发展方向就是场景化、细碎化,专注于解决某一具体场景的风险问题。公司的产品设计同样采取此种方式,设想用户在日常生活中可能遇到的各种问题,在产品设计中对接解决此类问题的服务,例如:解决爱情难题的"表白险",弥补失误的"碎屏险"。这样会更加贴合用户与市场需求,以此来提升产品价值与吸引力。

在设计产品的过程中,公司既注重产品的实际价值,又注重产品体验的趣味性、有益性、轻松性,期望用户在体验、消费产品的过程中收获快乐和对生活的热情。

在产品布局上,站在整体高度思考产品运营和发展战略,在对原有产品优化升级的同时,利用多个试点多方面探索新产品发展方向,不断创新开发符合用户需求的新产品、探索细分市场,实现产品库的构建和产品组合多样性的提高。

(1) 价格策略

公司在产品定价上严格按照科学计量方法,结合用户具体情况进行精确定价,以实现产品盈利。在整体的定价方案上,会适当调低产品的定价以及奖励金额,突出产品的轻松性、娱乐性,鼓励更多用户参与其中。以挂科险为例,各种奖励金额的设置绝对不会超过学生伪造数据或者消极怠考的机会成本,从而规避产品的道德风险。同时,会在产品的购买端附赠一些体验产品,从而增强产品吸引力与附加值。

(2) 渠道策略多样化,多渠道、广覆盖营销

消费者通过公司微信服务号、分校公众号、门户网站等渠道可以关注并了解公司产品,统一链接到服务号上的HTML5页面,自动化快捷完成信息确认、付款与购买。同时,与一些大型热门公众号以及其他渠道积极开展合作,方便企业初期强化宣传、拓展业务。

由于公司目前从学生群体切入,并逐步覆盖多方位人群,因而宣传渠道会集中在年轻用户群体最活跃的微信平台,通过制造热点话题、引发大家讨论的方式来促进宣传,创造朋友圈高频热点,树立公司品牌形象。

此外,公司将尝试打通传统互联网保险平台渠道,进一步在传统消费者中扩大影响力。同时,将尝试将互联网创意媒体,例如36氪、钛媒体等作为产品发布的新闻平台,以吸引创意人士目光,加深社会理解。

(3) 社群针对性营销

公司拥有一批忠实客户以及对公司项目感兴趣的学生、教职工等群体。公司采取社群营销的方式,组建社群来讨论产品,进行一些产品的灰度测试及客户调研,将该部分积极用户转变为公司的传播节点、供应商乃至顾问,建立树状宣传覆盖模型,通过这些活跃用户来推进品牌传播与改进。

(4) 以书报亭为中心的线下渠道

① 高校报刊亭

通过与辰一投资的合作,公司获得了26所学校44个校区的64个报刊亭资源。以报刊亭为中心,展示宣传公司类保险产品,并且引入其他服务商,开展主题活动,联合聚集报刊亭人气,提升校园影响力。同时,报刊亭也是线上活动线下化的支撑点。

② 圈内分享

通过在创业圈、高校开展经验分享和讲座的形式宣传公司的价值主张,让潜在客户认同公司的理念并使用公司的服务。公司与冠生园金融园区有密切合作,是上海市高校创业协会的第一期核心会员,同时与创意马槽、蚂蚁创投等创投企业均有密切联系。

③ 高校创意活动宣传

在公司文化宣传方面,设计公司吉祥物,以吉祥物进校园活动以及与学生做游戏等方式宣传产品,提升产品热度,在学生群体中创造与产品有关的话题,借助讨论热度实现产品营销。

(5) 促销策略

为实现产品的促销,公司从三方面制定了促销战略。

① 产品组合策略

为了让客户更多选择公司的产品,在客户自主选择产品时,公司鼓励客户选择多个产

品组合以提高品牌影响力，增强产品效果，为此公司会提供套餐推荐和折扣优惠。目前，公司已与中国联通、OPPO、e修网达成合作，以组合的形式销售产品，实现共赢。例如：买类保险产品附送中国联通或OPPO的产品与服务，提供免费贴膜服务；同时，买中国联通或OPPO旗下产品也可获得公司的折扣券。

② 多人团购战略

对多人组团购买的客户提供阶梯式奖励指标，鼓励客户积极邀请朋友一同购买，参与到自我激励与提高的过程中来，从而实现扩大市场份额、最大化惠及消费者的模式。以减肥险为例，公司推出单人、双人、三人团购套餐，双人购买如减肥成功，在获得现金赔付的基础上，可获得健身卡奖励，三人购买如减肥成功，可另获写真拍摄豪华礼包。

③ 高校特色战略

结合高校特点，采用特色化宣传方案。例如，公司了解到上海交通大学与华东师范大学的学生热爱跨校联谊，为此公司推出两校学生男女自由组合购买产品可享受优惠的活动来打通两校资源，增加订单量，扩大市场。

5　案例点评

识别创业机会是创业的第一步。所谓创业机会，其实是一种满足未满足的有效需求的可能性，一方面，这种需求有待于激发和再组织；另一方面，这种需求还必须具有盈利潜力。换言之，机会只有在市场上接受考验，并能有持续的盈利潜力，才能称为创业机会。挂科险项目的产生正是由于创始人自身的需求未得到满足而受到启发，几位创始人在期末复习时非常担心挂科，便萌生了为自己买这样一份保险的念头，然而市场中并没有这种保险，而经过调查发现这一需求普遍存在于周围同学中，因而可以确定这一需求是有待激发的。同时，由于这一需求水平本身足够高，因而能为满足这个需求所做的努力提供合理的回报，即该需求能有持续的盈利潜力。可见，挂科险项目在一开始就准确识别了该创业机会，并进行了开发，最终实践落地为一个互联网金融项目。

然而，创业机会只是创业要素之一，挂科险项目的成功还离不开创业资源、创业团队和商业模式几个关键要素。在创业资源方面，挂科险项目由于和所在学校特色比较吻合，所以在媒体公关、人才招聘等企业发展的关键要素上，学校给予了非常大的扶持与帮助。

在创业团队方面，挂科险团队拥有市场推广、数据分析、宣传、财务等方面有一定专业技能的人才，形成了明确分工，并且虽然已经成为网红项目，但挂科险团队成员并没有和大多数年轻人一样，因为捧得高而心高气傲，依然在扎扎实实开展工作，这一点是必须予以肯定的。团队从最初的3人扩展到9人，并且在实践中都找到了自己擅长的方向，持续改进产品背后的算法，不断提高自身的核心竞争力。

在商业模式方面,项目在模式创新和规模扩张上达到了比较好的平衡,首先是针对挂科险一年只能四次购买保险、消费频率不高的痛点,挂科险团队开发了新的品种——不论男女、不论时间、不论社会身份的减肥险。通过挂科险的公关红利积累了一定数量级的流量,能更好地服务于这些存量用户。同时项目已经走出去,引入渠道合作的商业模式,团队提供线上平台及金融保险的核心算法,并利用加盟商的优势进行市场拓展与销售,已成功拓展至9所高校。

在未来定位上,挂科险在专心服务中国联通、OPPO等知名企业,积累客户需求且实现自身盈利的基础上,制订了丰富险种、深化数据挖掘研究、开展更多层次和维度的战略规划。而今后团队能否顺利进行产品和服务的升级换代,使其更加符合团队提出的多阶层、多生活场景覆盖的产品规划,可能是项目发展的关键所在。

【服务＋新能源】

e电充和4G绿色梦想

1 创始人简介

曹一纯：上海翼电信息科技有限公司CEO，上海财经大学管理学硕士，创业学院匡时班一期学员。上海市重大工程立功竞赛优秀组织者、浦东新区十佳志愿者、虹口青年企业家协会会员，节能环保工程师，工作经历包括浦东新区环保局公用事业管理署、虹口区发改委等。

他志在通过互联网＋新能源＋分享经济的方式，实现4G梦想——生产绿色能源(Green Energy)、驱动绿色交通(Green Transportation)、分享绿色效益(Green Share)和奉献绿色爱心(Green Love)。

"e电充"项目的诞生，来自一个绿色公益的梦想。"我自己是绿色环保发烧友，2012年买了电动汽车，2013年安装了太阳能屋顶，自己建立了一个绿色能源驱动绿色交通的示范点，2014年建造了一个公共的大太阳能屋顶，然后和新能源汽车公司合作，推广新能源汽车。"在被问及"e电充"是如何一步步产生时，"e电充"的创始人之一曹一纯这样说。

最初，他只是从自己的绿色梦想出发，公益性地推广绿色能源，但是在推广过程中，他渐渐发现这种公益推广模式的不足。他发现，现在社会对电动汽车的需求很大，但是要解决充电桩问题的难度又很大，想要影响更多的人、让新能源普及则需要更多人的努力。2015年正值李克强总理发出"大众创业、万众创新"的号召，鼓励和支持人民大众创新的浪潮兴起，离开校园6年的80后创业者曹一纯报名参加了上海财经大学创业学院的匡时班，他计划开发一款能帮助用户尽快找到电动车停车位的App，并用一种有效的商业模式来推动绿色环保，打造绿色企业，进而形成一种能改变社会的商业模式，在实现自己价值的同时，推进社会向高效、有序的方向发展。

离开大学6年，抛下了公务员的"铁饭碗"，曹一纯在2015年夏天重回校园，成为上海财经大学创业学院首期匡时班的学员。历时三周的课程让这位绿色环保发烧友找到了大展拳脚的空间。"随着市民需求的增加，充电桩难找、续航能力有限成了新能源车使用的大难题"，为此，他设计开发了帮助用户尽快找到电动汽车停车位的"绿色翅膀停车充电共享项目"（e电充），扫描二维码关注微信服务号并共享位置，系统将按距离远近推荐空闲充电桩车位，充完后可直接通过微信支付。

曹一纯的创业并不是一时的头脑发热，在真正出来创业之前，关于怎样推进绿色能源的想法一直都在他的脑海里孵化着，他也和很多绿色发烧友以及其他朋友一直讨论如何能够实现绿色能源的推广。之后在上海财经大学创业学院形成了系统化的解决方案，通过引入律师、会计师、投资中介、咨询公司等外部"人、财、物"资源，以及对接投资机构与孵化平台，上海翼电信息科技有限公司逐步成立，绿色翅膀停车充电共享项目也一步步走上正轨。

在以匡时班为核心的系统化创业素质培养体系中，创业学院丰富的"人、财、物"资源为各项目发展保驾护航。因此，"e电充"在其孵化过程中才能顺利获得律师、会计师、投资中介、咨询公司等外部资源，受益良多。"在初期布点投资后，计划未来三至五年内可实现盈利并拓展商业模式，逐步实现自己的绿色梦想。"曹一纯说。

2　项目概述

充电桩设备不足、续航里程有限一直是困扰新能源汽车发展的两大难题。绿色翅膀停车充电共享项目（e电充）正是希望利用移动互联网技术（App以及微信服务号），将新能源车主与空闲的充电桩车位进行对接，解决这一困扰新能源汽车发展的难题。

随着经济社会的发展和社会对环境保护的重视，国家不断出台政策推动新能源汽车的发展和充电桩建设的普及。绿色翅膀停车充电共享系统正是基于市场现状应运而生的。在上海，阻碍新能源汽车发展最大的壁垒在于充电桩设备严重匮乏、充电桩共享率低，导致新能源汽车的普及推进缓慢。目前在市场上，同类产品往往由于推广时间过早、推广过程不够精细、充电桩与新能源汽车匹配率低的问题，市场占有率普遍不高。绿色翅膀项目在广泛的市场调研后，充分研究政策和市场发展走向，逐步推动项目的建设。

绿色翅膀停车充电共享系统旨在通过"互联网+智能硬件"的模式,利用手机软件以及微信服务号,通过分享的理念打破传统停车充电模式。举例来说,物业管理方、企业、业主等均可以通过与绿色翅膀项目合作,在现有的车位上安装充电桩。相应地,业主可以通过手机软件以及微信服务号实时查看空闲车位及充电桩,并付费充电,充电费用由车位提供方、服务方以及物业部门三方按照一定比例分成。充电费用可由车位提供方自行设定。项目通过与技术合作伙伴及地产合作伙伴等多方达成合作,保证平台充电桩车位供应量及软件运行流畅,用户体验较好。同时,随着项目的发展,项目将择机整合太阳能屋顶电站,优化现有充电方式,最终致力于实现"4G梦想"(四个绿色梦想),即生产绿色能源、驱动绿色交通、分享绿色效益和奉献绿色爱心。

项目目前已经注册公司,并通过与技术合作方、地产合作方等的合作,已在上海浦东、杨浦等地逐步展开布点,可用充电桩数目不断增加,"e电充"计划今明两年内将成为浦东第一、上海领先的充电共享平台。项目三大中心(创益中心、展示中心和运营中心)已经建成投用。项目微信平台已正式发布投用,将实现更加流畅和舒适好用的用户体验。同时,项目的媒体宣传也不断推进,《上海商报》等媒体以头版头条形式宣传项目。项目的商业模式不断优化,计划在3～5年内实现盈利。

项目将通过提供增值服务的方式实现盈利。除收取项目服务费用于充电桩、车位、平台等软硬件的维护外,项目主要会通过项目的平台使用量、平台影响力提供增值服务实现盈利。举例来说,在达到一定使用量后,项目将通过与专业保险机构的合作,推出针对新能源汽车及充电桩的一整套保险项目等增值服务实现盈利。

项目目前已有清晰的财务分析及财务发展规划,在初期布点充电桩投资后,计划将在3～5年内实现盈利,增加市场占有率,拓展项目商业模式,实现项目的更优发展。

3 创建过程

3.1 团队:建于匡时班,实现绿色梦想

在曹一纯的创业旅途中,学生团队发挥了举足轻重的作用。学生团队在项目推广、战略规划、市场调研、媒体合作和财务管理等多个方面都为项目提供了支持和帮助。学生团队的负责人葛雨敏说:"我和几位同学以及曹学长都是匡时班一期的第一批学员,当时正值创业学院组建完成,匡时班在学校大力招生。我们对于曹学长这个绿色环保的公益创业项目十分感兴趣,也非常愿意加入这样一个项目,帮助推广和实现我们的绿色梦想,就在这样的机遇和巧合下,我们加入了'e电充'的项目。"

在葛雨敏等成员的帮助下,项目的学生团队发展到了十余人的规模,涵盖财务、宣传、法务、市场、运营等多个领域,为项目的开展起到了极其重要的作用。

那所说的"绿色梦想"是什么呢?这其实是"e电充"项目的初衷:实现4G梦想。

"4G梦想"（四个绿色梦想），即实现生产绿色能源、驱动绿色交通、分享绿色效益和奉献绿色爱心。

"这四个事情都是特别大的事情，可能一辈子都做不了。比如绿色能源这方面，能源替代就是用清洁能源来替代传统能源，用可再生能源，比如风能代替火电，从源头上解决能源问题。在绿色交通这一块，这是我们重点在做的，用电动汽车代替汽油车，一方面用电来替代油，降低了排放量，另一方面用清洁能源发电，形成一个绿色循环的系统。"

葛雨敏形容他们的梦想"可能一辈子都做不了"，但他的目标是加速这样一个进程，让绿色梦想更快实现。

乔布斯这样说过："活着就是为了改变世界。"秉持以绿色环保为出发点的创业理念，曹一纯和他的团队艰难探索着商业与公益的结合模式，让绿色能源能更普及。曹一纯、葛雨敏以他们自己独特的方式改变着这个世界，为了天更蓝、草更绿、水更清而不懈努力着。

现在的上海翼电信息科技有限公司已经是一家具有独立法人资格的多元投资经营实体。公司立足于上海市新能源汽车车主普遍存在的迫切需求，旨在解决当前上海新能源汽车充电难的问题。

公司具备从事信息科技、自动化科技领域内的技术开发、技术咨询、技术服务、技术转让，充电桩的安装、维修，机电设备的安装、维修、销售，自有设备租赁，汽车销售，汽车租赁，保险专业代理的资质。

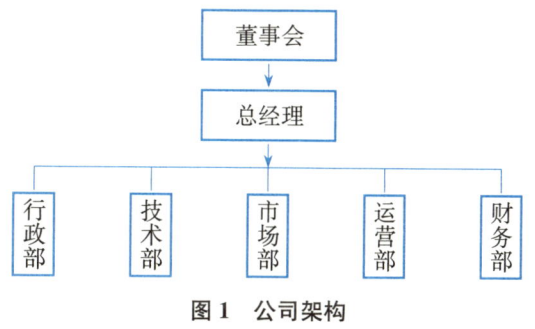

图1 公司架构

公司的基本架构为直线职能型组织结构，任务分配快速、灵活，组织运营成本较低且责任分工明确清晰。

团队由上海财经大学在读本科生、研究生与青年校友共同组成，优势互补、团结协作。

葛雨敏：公司总经理、团队行政部总监；上海财经大学金融工程专业，辅修会计学；第七期中国100青年英才培养计划学员，首期上海财经大学创业学院匡时班学员，《解放日报》见习记者。具有优秀的文案撰写、行政管理、路演展示能力，从运营管理到市场营销，熟悉产品所涉及的各个领域。大自然保护协会（TNC）干事，也是绿色环保理念的推动人。

曹一纯：团队市场总监，详细介绍见"创始人简介"。

葛立宇：团队运营总监，上海财经大学公共经济政策学博士生，熟悉国家宏观经济政策和资本市场运作流程；曾在大型券商和基金公司负责运营管理工作，实战经验丰富，并有较好的沪上房地产资源。

谢钰琪：团队财务总监，上海财经大学会计学院注册会计学专业，国家奖学金获得者，担任 AIESEC 财务副主席。具有出色的沟通表达能力和团队精神，曾作为队长带领组员取得由香港会计师公会举办的专业资格课程个案分析比赛(QP)亚军和最佳报告奖，目前负责团队项目融资与财务方面的事务处理。

徐蓓文：团队技术总监，上海财经大学创客空间技术顾问，所领导的团队拥有丰富的计算机开发经验，目前负责团队技术平台的开发和维护工作。

刘学：团队市场宣传设计负责人，上海财经大学国际金融专业，中国新生代青年新锐创新创业实践者。具有优秀的宣传策划能力，发布了多篇阅读量达 10 万次以上的微信推文，在同类竞争市场中遥遥领先。

平晓创：团队法务负责人，上海财经大学法学院研究生，曾任职于沪上在判决执行方面领先的乐言律师事务所，为超过一百家企业提供定制化的法律服务。负责团队的相关法务文件拟定工作。

团队成员持股情况：

公司注册资本 1 000 万元。葛雨敏持股 34%，曹一纯持股 34%，葛立宇持股 16%，谢钰琪持股 6%，徐蓓文持股 10%。期权池 17%，由总经理葛雨敏代持。

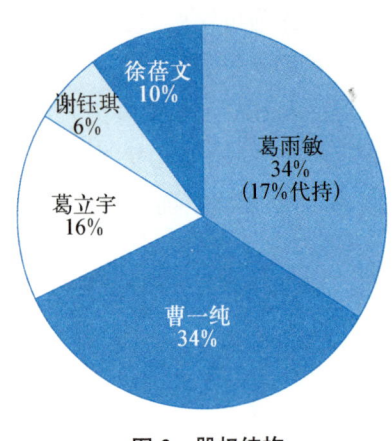

图 2　股权结构

3.2　探索：充电共享合作共赢

在充电桩布局还不充分的当下，怎样才能把现有的充电桩充分利用起来，让那些"僵尸桩"变得有生命力？于是，翼电科技和神州租车一起想了个好主意，"共建充电共享网络"。说白了，这和"拼车"有点异曲同工。举个例子，家在闵行的李先生家里有一个充电桩，但是平时他去徐家汇上班，这便意味着白天充电桩处于闲置状态。而王先生每天都要去闵行上班，但是充电是个难题。通过"充电共享网络"，王先生的充电难题就会迎刃而解，而李先生的充电桩也可得以充分利用。

这种"互联网+新能源+分享经济"的方式，在充电设施极度缺乏的时候，是一个不错的出行解决措施。有了这个共享充电网络，很多车主表示，"就像吃了一颗定心丸"。

优步实现了私家车车主和用车人之间的分享共赢，却也给城市管理带来了新的挑战。同优步相似的一点是，在绿色翅膀停车共享项目中，新能源车主和充电桩车位主各取所需，但小区物业管理者凭什么让非小区业主的车辆进入呢？是否会增加小区管理成本呢？要打通物业这个环节，就要帮助物业化解两个问题，即收益和安全。

2015 年 7 月 1 日起实施的《上海市电动汽车充电设施建设管理暂行规定》中要求，新建住宅小区、交通枢纽等相关停车场应按照不低于总停车位 10% 的比例预留充电设施安装条件。政策对新建小区的充电桩停车位做了硬性规定,但如果没有有效的管理,这些停车位也难保不会又停满了汽油车。

小区物业面临的现实情况是,随着人力成本逐年上升,物业费、停车费却只是原地踏步。近期随着小区停车费取消政府定价后,部分小区停车位涨价导致小区矛盾重重。如果小区安装了一定数量的充电桩,并铺设智能车位锁,将来就可以从业主出租停车位的收益中分成,从而多了一条合法创收的渠道。从分配比例上,可参考北京几个试点小区的方法,大致是车位主获得60%收益,App 平台分得30%,物业分得10%。

另外,物业保安不希望其他车辆进入小区,无非是为了保障安全。通过丁丁停车 App 租赁车位后,车主进入小区时可以向保安出示标有车牌号、车位位置的手机信息,离开小区时,通过微信钱包、支付宝完成支付,这样的方式远比现在手抄的门卡或需刷卡的门禁要来得方便和高效。与此同时,车辆何时进入、何时离开,也都记录在案,因为车牌、支付绑定都是实名制,一旦有安全问题就可以追溯,在安全性上也比传统做法更胜一筹。

3.3　发展:分享经济由易到难三部曲

3.3.1　公共充电设施搭建充电共享骨干网络

建设新能源汽车充电桩网络共享平台最大的难题在于:平台刚启动时会面临充电桩数目过少的问题。因此,用户通过此时的平台仍难以寻找到合适的充电桩,这将使得用户加入平台后体验感较差,对平台的黏性也会显著降低。为了帮助平台的初始启动,公司目前已与部分企业达成战略合作,将来自校友、各企业建设的近 300 个充电桩共享到平台上,在平台上提供足够数目的充电桩以吸引第一批平台用户。

3.3.2　专用充电设施完善充电共享骨干网络

平台顺利启动后,在上海财经大学创业学院的资金支持下,公司会利用平台利得、自筹资金和比赛奖金,在项目的展示中心自建若干充电桩,吸引新能源汽车主前来体验,形成广告效应,进而成为平台用户。

下一步,公司将在汽车销售 4S 店、汽车维修保养服务中心、各住宅小区、各事业单位、各公共停车场等不断进行市场宣传,吸引沪上新能源汽车车主继续加入平台、共享充电桩,进一步提高平台的充电桩数量,形成项目平台的核心竞争力。

3.3.3　私人共享充电设施作为充电共享网络毛细血管

在充电桩设施不足的情况下,能不能另辟蹊径,把现有的充电桩资源通过移动互联网技术实现共享呢?曹一纯表示:"绿色翅膀旨在将新能源车主与空闲的充电桩车位进行对接,打造停车充电共享领域的'优步'。"

实现停车充电共享的第一步,就是要确保有真实有效的充电桩车位,这就要介绍下绿色翅膀的技术平台合作方——丁丁停车。丁丁停车是以智能车位锁起家的一家停车位智能管理公司,成立于 2014 年 7 月,同年 12 月,丁丁停车获得了数千万元的天使投资。

举例来说,车主 A 前往一个地方,但找不到地方停车,他打开"丁丁停车"App,找到目的地附近小区住户 B 分享出来的自家停车位。A 向 B 购买暂时车位,到达小区时,向门卫出示"丁丁停车"的购买信息,地图导航帮助他将车子停在租用的车位上。A 离开后,通过微信钱包、支付宝向 B 支付租用车位的费用。

如何能有效地实现这一方案,诀窍就在于丁丁停车的智能车位锁。同一般的车位锁不同,丁丁停车的智能车位锁可通过手机蓝牙遥控,按下 App 上的按键,就能实现开锁和关锁。当小区住户 B 离开自家停车位时,启用丁丁停车的共享功能,用手机"放租"自家停车位的空闲时段。

事实上,目前市场上有不少停车 App,它们主攻的方向是把公共停车库的信息采集后发布到平台上。这些停车 App 通常把停车功能精确到一个停车场,而由于智能车位锁具有独立的芯片,丁丁停车就可以把停车功能精确到每一个车位。

比如车主 A 有意购买新能源汽车,却没有固定车位安装充电桩,他可以通过丁丁停车 App 找到就职单位附近若干个有充电桩的停车位,以租赁的方式停车充电。而 B 在居住小区中有安装了充电桩的固定停车位,当他去上班时,就可以将空闲的充电车位与在附近上班的新能源车主 A 共享。

车位收费可自主定价,如 5 元/小时,包括停车费用和充电费用,如果每天拿出 6 小时出租,则一个月会有 900 元的收益。智能车位锁通过 App 实现关闭和开启,租赁费用通过移动支付完成,A 和 B 甚至不用见面就可以完成停车充电共享的过程。

4 项目特色

4.1 商业模式

目前,翼电科技正着力打造"e 电充"新能源汽车充电共享平台。"e 电充"平台利用创新的运营模式和雄厚的资源,希望通过新能源购车、充电桩安装、免费沪牌申请落实、充电桩共享等多种服务模式为客户提供新能源汽车一站式服务,为绿色出行做出一份贡献。通过"e 电充"平台的创新运作模式,在为新能源车主带来便利的同时,可解决新能源汽车的充电痛点,让大家真正做到"一起有电充",提供良好的资源环境。

翼电科技采用的充电模式不同于目前市场上其他充电桩企业的操作方式。"e 电充"平台重点推出"自助充电"模式,对于充电设备不做权限设置,充电费用由客户自助支付的方式实现,不再依托网络,更加稳定,让用户更方便、更直接有效地充上电。当然,翼电科技完全具备智能充电的开发和管理能力,通过扫码充电,可以实现对电桩充电根据权限进行管理和控制。各种模式灵活使用,是其一大特色优势。

"e 电充"平台的盈利模式是通用灵活的,也是多途径的,基本的电费和服务费收入保障了充电桩的运营,新能源汽车的衍生市场都是翼电科技深入行业、整合业务、实现企业发展的重要方向和目标。

团队正不断优化商业模式,目前项目的商业模式如图 3 所示:

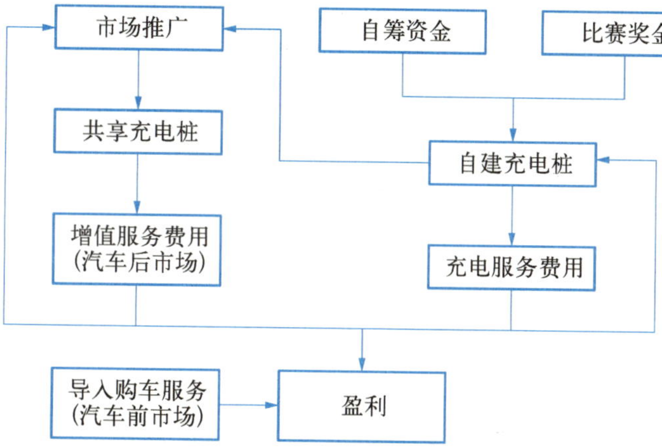

图 3　项目商业模式

项目的关键在于帮助用户解决新能源汽车充电难的问题,因此平台的主要核心业务在于对接新能源车主和空闲的充电桩车位。

在构建充电桩供需双方对接网络平台之前,先利用自筹资金或比赛奖金在合作企业进行充电桩布点展示作为示范案例,启动平台初始运作。此外,利用校友资源,将近 300 个充电桩作为第一批充电桩入驻项目共享平台。

网络平台构建完成后,主要包括两种盈利来源:

(1) 充电服务费用分成。收入主要用于平台的软硬件基础设施维护,平台将始终坚持让利于民的原则,吸引用户入驻平台。用户共享充电桩的 90% 以上的充电服务费用将分给充电桩供给方及小区物业部门,公司仅收取不到 10% 的部分作为平台的成本维护费用。

(2) 新能源汽车前后市场增值服务费用。基础平台构建完成后,将努力打造成新能源汽车一体化服务平台,通过代理包括导入购车、保险代理等在内的多个新能源汽车前后市场增值业务,以收取佣金的形式实现盈利。目前,上述业务已与相关企业达成合作意向,正积极投入平台的运作当中,未来还将开展包括广告投放、汽车维修、无水洗车等在内的多项增值服务。

项目主要有三种商业循环模式,通过良性循环将有助于公司商业模式可持续发展。具体的循环模式解释如下:

循环一:"共享充电桩—自建充电桩—共享充电桩"良性循环

为保证项目的成本回收,平台对不同类型充电桩的服务费分成方式有所不同。具体包括两种分成方式:

(1) 对于用户共享的充电桩,90% 以上的充电服务费用归充电桩供给方及物业部门所有,平台仅收取不到 10% 的费用。

(2) 对于平台自建的充电桩,将以优化用户体验、吸引用户加入平台为主要目标,平台不收取充电服务费用。

平台的充电服务费分成方式将以"让利于民"为宗旨，始终将服务费收入更多地让给充电桩供给方及物业，维护平台与用户、物业的客户关系，从而吸引更多的新能源车主入驻平台。

循环二："基础服务—增值服务—基础服务"良性循环

平台的核心业务是对接充电桩供需双方。平台的基础服务也是项目的社会价值所在，即项目始终致力于解决新能源汽车充电难的问题。因此，平台始终坚持不以基础的充电服务费作为盈利来源。其目的在于吸引用户入驻平台，将充电桩共享至平台，扩大流量。其收入主要用于平衡自建充电桩成本及相关运营、维护费用开支。

随着基础服务与用户规模的不断完善与扩大，平台将适时拓展与新能源汽车前后市场相关的一系列增值服务。目前，平台开展的增值服务具体包括两项：

（1）导入购车服务。项目已与国网商城、比亚迪等企业达成战略合作，平台将拓展线上购车服务，用户可在平台上点击"导入购车"，平台将会为其提供专业的购车咨询服务。

（2）保险代理服务。平台现与英大车险合作开发新能源汽车"车桩一体"相关保险。未来，平台将提供此类保险的代理服务。

计划还将开展的增值服务包括广告投放、无水洗车、汽车维修等。

平台将收取增值服务佣金作为主要盈利来源。公司将会利用增值服务的收入，进一步发展和完善基础服务，从而形成以基础服务为核心、增值服务为导向的循环生态链。

循环三："服务费用—市场推广—服务费用"良性循环

平台将利用基础服务和增值服务实现的盈利进行市场推广。具体方式包括住宅小区及公共停车场广告投放、主流媒体宣传、汽车销售服务 4S 店宣传等众多渠道，形成"媒体宣传—广告宣传—口碑传递"的良性循环。未来，项目还将与更多的企业达成战略合作，以此扩大品牌的市场影响力，形成品牌效应。

重要伙伴：	关键业务：	价值主张：	客户关系：	客户细分：
比亚迪、奇瑞、北汽等车企，永达汽车等经销商，神州、创和等用户平台，上海财经大学等高校及科研机构	充电共享网络建设，厂家充电桩安装，个人充电桩共享，新能源汽车推广，车主社区	基于"互联网+新能源+分享经济"，通过"e电充"平台，解决停车、充电两大难题，促进新能源推广，提高用户充电比例，打造新能源共享经济	专属于电动汽车车主的一站式服务	有充电需求的用户，有安装充电桩需求的用户，有购车需求的客户，有充电桩配建需求的客户（神州租车、地产开发商、停车场建设方等），有充电车位需求的客户（EVCARD等分时租赁公司）
	核心资源：充电共享平台，政府、车企及其他合作伙伴的支持		**渠道通路：**线上：微信、网站等 线下：车企、4S店、政府、财大平台、地产商	
成本结构：平台设计维护支出 15%，充电设施建设支出 45%，运营支出 10%，人力成本 10%，行政成本 5%，其他 15%			**收入来源：**政府补贴 30%，充电桩安装收入 15%，充电服务费收入 35%，新能源汽车营销收入 10%，广告收入 5%，其他收入 5%	

图 4　公司商业模式画布

4.2 项目定位

4.2.1 全市覆盖,推进"六区联动充电共享"

项目坚持"立足上海,辐射全国"的市场路线。当前,项目致力于突破上海地区新能源汽车充电难这一"瓶颈"。待上海的发展模式成熟后,将以"上海模式"为样板,把长三角作为突破口,辐射全国开展业务。当然,在实际操作中,仍要考虑其他城市的新能源汽车发展现状,结合具体情况开展业务。

据了解,国家和各地方政府为了推广新能源车,近年来出台了许多补贴政策。尤其在上海,在享受补贴的新能源汽车目录中,不仅包含纯电动汽车,还纳入了更具普适意义和更接近传统汽车驾驶习惯的插电式混合动力车型。目前有20家企业的40多种新能源汽车在上海销售,这也使得上海成为国内新能源汽车选择最多样化的城市,为未来市场规模的迅速扩大奠定了基础。

4.2.2 深度合作

汽车4S店及维修服务商方式。公司将与这些与新能源汽车前后市场相关的服务商取得合作,一是在服务商周边张贴海报、发放传单、吸引客户;二是将服务商的展示用充电桩吸收到项目平台中,指引在服务商处消费的新能源车车主体验平台,通过用户良好的体验过程吸引其加入项目平台。

住宅小区宣传方式。公司将在沪上充电桩安装数目较多的小区附近张贴海报、发放传单。通过这样的形式既吸引新能源车车主在平台上共享充电桩,又吸引预购新能源车的用户通过平台购车。

4.2.3 绿色共享

为落实国家节能减排政策,推动绿色出行,上海翼电信息科技有限公司大力打造"绿色翅膀,充电共享"智能停车充电网络(简称"e电充")。公司还选择合适项目整合太阳能屋顶电站,优化现有充电方式,实现"绿色能源驱动绿色交通"的"能源革命"。目前已与比亚迪、永达汽车、奇瑞、北汽、神州租车、晶科电力等新能源行业领军企业达成战略合作,是浦东最大的充电共享平台之一。

通过在商业区、办公区、公共停车场、住宅区等位置建设公共充电桩,同时推动个人充电车位共享,使"e电充"实现停车充电共享。目前已有包括小区、地铁站停车场、园区、企业、政府及环保人士等在内的数十个合作伙伴加盟"e电充",共同完善新能源汽车配套环境。最典型的案例是上海联通汽车示范项目——该项目是上海首个对公众开放的分布式光伏示范项目,同时结合了充电网络及爱心捐助点,已打造成麒麟行动绿色爱心基地,践行了生产绿色能源、驱动绿色交通、分享绿色效益、奉献绿色爱心的"4G梦想"。

公益共享:翼电科技携手政府部门、公益组织、绿色企业及环保人士共同发起的"e电充"项目,其公益共赢理念得到各方认可,绿色翅膀团队获评浦东新区十佳志愿者服务团队,成为浦东最有影响力的推广新能源汽车的组织之一;商业模式得到各方认可,获得"创青春"创业大赛金奖、"汇创青春"文化创意大赛一等奖、冠生园杯财大创业大赛二等奖等荣誉。通过资源的共享,实现资源的最大化利用,节能减排,建设互动良好的绿色经济模式和绿色关系。公司与麒麟行动志愿者团队等公益组织合作,提出共享充1度电就捐赠1分钱的想法,分享绿色环保产生的效益,帮助山区里的孩子们实现梦想,共建最好的未来,也得到了各方支持和响应。

5　案例点评

"e电充"发挥了共享经济思维,利用国家大力发展新能源汽车的契机,切入充电桩这个新能源汽车必备的服务市场。项目很好地抓住了新能源汽车充电难而新能源充电桩使用率不足,这两方面的痛点。

项目充分利用互联网+物联网的技术红利,一方面解决了充电用户端的基础信息认证问题,例如身份认证、车辆认证,积累用户基本数据。另一方面利用LBS技术,方便充电用户就近寻找充电点,节约了寻找充电桩的时间与精力;同时,还利用了现代化的互联网支付技术,方便用户结算充电费用。另外,对于充电桩的所有者,可以在有大数据支撑的安全管控措施保障情况下,利用闲置充电桩获取额外收益。

"e电充"的盈利模式主要聚焦在新能源汽车的售后服务,即用充电桩充电这个行为作为用户流量入口,再利用相关服务形成自己的账户体系。通过刚性的充电需求来积累流量,而非大规模的补贴,这增强了用户黏性,提高了充电桩使用率,因此,未来转化成账户收益的质量也会有保障。项目目前采用自建充电桩+加盟模式,既保证了网点迅速扩张的可能性,又不太容易受到充电桩所有者的牵制,具备稳定的基础也是项目未来扩张的基本保障。

"e电充"项目符合国家的产业政策,准确把握住了市场需求,充分利用现代科技,在实践中不断调整商业模式。在下一步发展中,是否能够持续地获取新能源汽车用户,提升充电桩运营效率,实现供需双方真正匹配的共享经济模式,可能是企业未来发展的重点。

【服务+教育】

快乐小鸭：
中国青少儿陶艺领导品牌

1　创始人简介

施敏：上海财经大学2012级工商管理硕士，景德镇团市委驻深圳工作委员会书记，景德镇市青年联合会常务委员，景德镇市青年创业者协会副会长，上海财经大学创业学院创业导师。她曾带领海外销售团队将一家不足50人的小型制造工厂打造成年营业额过亿的国家级高新技术企业，足迹遍布全球30余个国家和地区。曾经连续3年是公司销售冠军，在2004年已创下单笔订单营业额过千万元人民币的纪录。

2　项目概况

公司最新股权结构如下（注册资金1 000万元）：
（1）深圳市幸福成长文化有限公司
股东：施敏78.46%（股权中将预留部分作为员工及顾问期权池，暂时由施敏代持）。
企业法人：深圳市芝麻豆米投资有限公司(19位上海财经大学MBA投资人)6.4%。

企业法人：深圳市大道至简投资有限公司(由郑红、高见等数位投资人成立)15.14％。

法人代表：施敏。

（2）上海市快乐小鸭文化有限公司

股东：李慧芬 19％。

企业法人：深圳市幸福成长文化有限公司 51％。

企业法人：深圳市恒玖业投资管理有限公司 30％。

法人代表：李慧芬。

（3）景德镇市快乐小鸭文化有限公司

股东：胡忠胜 10％。

股东：施敏 39％。

企业法人：深圳市幸福成长文化有限公司 51％。

法人代表：胡忠胜。

幸福成长文化有限公司组织架构如图 1 所示：

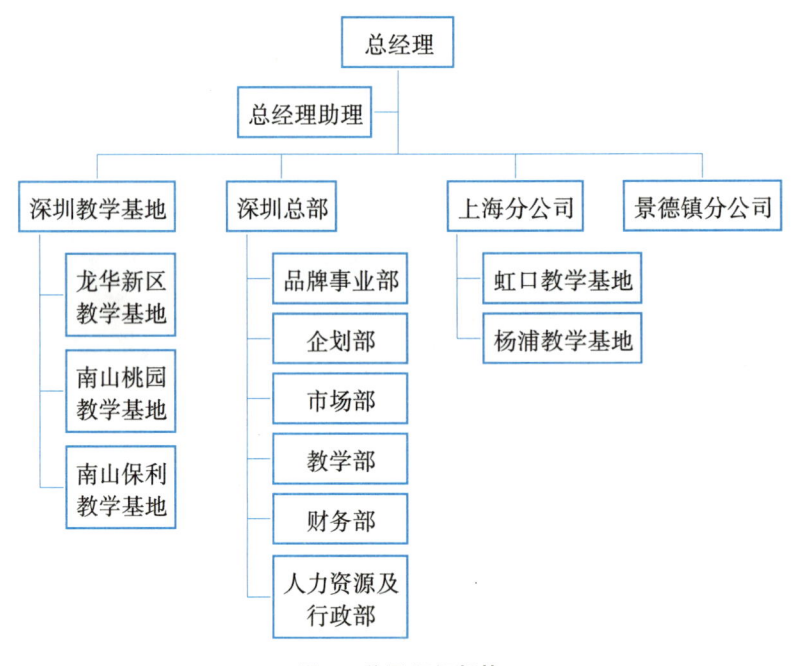

图 1　公司组织架构

3　创建过程

3.1　挑战自我的孤独之旅

2001 年施敏大学毕业，赤手空拳来到深圳，一直到 2014 年都从事着海外贸易工作。

14年的业务经验,足以将她打造成一个在外贸行业的专家。她走过全球30余个国家和地区,所交的客户和朋友遍布世界各地。人生第一份工作持续8个月,第二份工作3年,第三份工作一干就是10年(属于自己创业,与他人合作)。也获得过几个小小的成绩:工作第三年便有单笔业务订单过千万元人民币;做业务不到3年便买下了两套深圳公寓;10年时间将一个不足50人的小制造工厂打造成一个年营业额过亿的国家级高新技术企业。

虽然有了稳定的家庭和事业,但从2010年起,她开始感到彷徨,不仅感到日常工作重复、单调,没有挑战,更没有奋斗方向。总觉得心里还有一团没有熄灭的火。那团火到底是什么,她却说不清。

2011年7月,她实现了一场"说走就走的旅行",单枪匹马,独自一人踏上了进藏之路。10天孤单的在西藏的日子,让她放下了平常所有工作和琐碎生活中的疲劳和负担甚至面具,重新找回那个最真实的自己。在西藏途中,还结识了同样来自深圳的6位老大哥,他们都是深圳市田面村(深圳市委市政府所在地)曾经的党委书记、村主任以及其他退休老干部,年龄最小的58岁,最年长的72岁。6位大哥退休之后,实现了真正的财务自由和身心自由,天马行空,满世界结伴旅游,全国和海外已经基本游遍。看着他们自然洒脱、老当益壮的身影,她突然明白,人应该追随自己的内心,去做一些自己真正喜欢、更有意义的事。

3.2 缘于课堂作业的千万级梦想

2011年11月,香港《阳光》杂志社的贺琼女士,一位资深记者,无意中在QQ空间浏览到了施敏女士的一些空间日志,便打电话给她说要帮她出书。接下来的一个多月时间,她们一起整理日志,一点点地修改、润色,并和深圳的一些知名作家一起探讨了她这本不入流的小册子,她渐渐发现自己居然找回了已经尘封多年的文学梦!

2012年1月8日,女儿3岁生日那天,她的处女作、个人散文集《敏的天空》也如期问世。当天她在深圳市龙华新区最好的新梅园酒店贵宾厅举办了一场"《敏的天空》新书发布会暨女儿三岁生日PARTY",来宾过百人,有许多是深圳资深作家和媒体记者,还有一些相熟的好友与同事。上台致辞时,她不禁潸然泪下。在那一天,她开始重新找回了自我。

2012年9月,她顺利进入上海财经大学MBA深圳班,并担任了2012级的班长一职。紧张的工作和繁忙的学习、老师们提供的各种新鲜资讯、MBA同学们一张张年轻且充满斗志的脸庞,让她一天天在找回那个年少轻狂时的自己。在34岁的年纪,她想开始自己的第二次创业,是否还来得及?

2013年初,上海财经大学MBA深圳班正在上一堂"创业与风险投资"课,主讲人是上海财经大学非常受欢迎的创业与风投专家刘志阳教授。他安排班上所有的MBA学员分为9组,每组讨论出一个创业项目,课程结束前要每组进行现场演讲,讲解这个创业项目的可行性,然后当场评奖。这个创业项目的讨论持续了一天半的时间,那个周日的下午,施敏女士所在的小组 5 分钟的简单演讲得到了刘教授很大的认可和鼓励,得到第二名。在刘志阳教授的课程结束后,她内心的二次创业激情被彻底点燃。与刘教授数次电话沟通之后,她决定注册新公司,非常幸运,"深圳市幸福成长文化有限公司"这个名字被她成功注册。如今"幸福成长"已成为公司所持有的一个品牌商标,再也没有人可以拿走。

几年过去了,当年那 9 个小组的课堂作业,有 2 个创业项目成为现实。一个项目目前还处在初始阶段,另一个项目就是 2013 年 5 月创办的"深圳市幸福成长文化有限公司"。到 2015 年 5 月底,企业成立 2 年,员工达到 68 人,其中硕士生 3 名,本科生 26 名,其余全部为大专或中专。公司在深圳已开设实体店 6 家(其中 2 家为 500~700 平方米的大店),主营快乐小鸭、妈妈亲子会所、动画衍生品及互联网在线教育四大块核心业务。2015 年 5 月 6 日,企业在前海股权交易中心挂牌,估值达到人民币 5 000 万元。

3.3 亟待创新的创业之路

作为创意文化企业,尤其要打造属于自己的品牌文化或者说企业文化。快乐小鸭的企业文化虽简单却也富有感情,就是希望孩子们快乐学习、快乐成长。因此,其品牌宣传的 slogan 也设计为"就是要快乐!",英文为"HAPPY DUCK, HAPPY GO!"。来到快乐小鸭的乐园,所有人要做的就是回归童真,做真正的自己,和孩子们在一起学习、一起玩耍。这在快乐小鸭团队看来,本身也是令人非常轻松快乐、让人越活越年轻的事业。

快乐小鸭的创新之一在于其所开创的第二课堂模式。传统的课堂大多是填鸭式教学,而所谓第二课堂,就是推崇"玩中学,学中玩"这样一种快乐教育的观念和模式。孩子们在这里不仅仅是学到知识,还可以参加各种好玩的兴趣活动,让他们在轻松的环境中快乐学习。同时,快乐小鸭还开办了"妈妈会所"。之前施敏女士陪女儿去上课外兴趣班时,发现每次家长们都会觉得等待孩子下课的过程漫长而无聊。于是她就渐渐有了创办"妈妈会所"的灵感,开设了瑜伽教学、美甲化妆以及服装定制等活动,妈妈们在等待孩子下课的过程中可以依据自己的兴趣选择参加。这样她们不仅可以打发时间还能学到不少小技能,更可以结交朋友。这个项目如今深受家长们的欢迎和喜爱。

创新之二就是融入了中国传统陶艺文化。她行走世界,深刻地感受到"民族的就是世界的"这句话十分有道理。越是民族色彩浓郁的文化,越容易产生它的特色,也越容易被人们所铭记。现在国内满大街的高楼大厦和各种咖啡酒吧已和欧美国家并无二致,有些发达的城市如北京、上海、广州、深圳,甚至比很多欧美国家还要摩登,但是能让人记得住的建筑物却很少。反倒是欧洲许多千百年的教堂文化深入人心,许多古老建筑保存了下来,形成了独有的西方宗教文化。从小就受到陶艺文化熏陶的施敏觉得陶艺文化有着悠久的历史,但经营分散,行业也存在缺乏统一模式和规范标准等问题。景德镇"千年瓷都"的称号享誉世界,可产品却缺乏合适的渠道向外推广出去,这令施敏感到非常难过,也使她下定决心要做中国青少儿陶艺领导品牌,把陶艺文化进一步推广。通过与景德镇陶瓷大学等相关专业资源联系,她顺利创办了中国青少年陶艺协会。施敏表示会尽最大努力把这个项目做大做强,也是为家乡做点贡献。随着"一带一路"的提出和不断发展,他们还联系到了新疆、西藏等丝绸之路沿线地区的陶艺博物馆等平台。

3.4 茁壮成长的快乐小鸭

短短几年的时间,快乐小鸭迅速成长,不仅在深圳拥有 5 家实体店,上海的 2 家分店也正在筹划当中,宣传平台自然也是关键的一步。最开始在线上快乐小鸭有自己的微信公众平台以及官网,线下他们还进行在周边小区和学校的地推,并运用广播平台进行宣传。

快乐小鸭主打的儿童陶艺课程,本身就是中国最为传统的手工艺文化技能之一。在未来的时间里,她计划从以下几方面使中国的传统文化与现代文明相互融合,形成快乐小鸭自己的特色:

(1) 拍摄快乐小鸭系列动画片,将陶艺和其他传统手工艺文化穿插进动画剧本中,让孩子们在不知不觉中学到传统艺术;

(2) 设计制作出各类陶艺的动画衍生玩具和其他传统工艺玩具;

(3) 通过在线教育平台传播中国陶艺历史文化;

(4) 成立广东省儿童陶艺培训协会,与幼儿园、中小学合作举办各类专业竞赛,将传统文化融入学校教育。

迄今为止,公司创意主办的快乐小鸭儿童益智成长乐园(少儿益智成长家园、亲子艺术家园等),在深圳市福田区、南山区和龙华新区均有分店(目前数量为 5 家,年底将达到 10 家以上)。快乐小鸭系列成长乐园采用全国首创的 1 岁至 12 岁幼儿及少年儿童第二课堂暨妈妈会所合二为一的商业模式,引导都市女性中的新手妈妈能与孩子共同成长,寓教于乐。快乐小鸭全新的商业模式也构建出了第二课堂新的生态,为行业注入了新的力量。

快乐小鸭作为深圳市最大最专业的儿童陶艺培训机构,目前其培训内容主要涉及:儿童陶艺培训,亲子艺术培训(美术、手工等),少儿舞蹈,儿童烘焙,港式英语,成长启蒙课程,全脑开发,少儿情商、智商及财商培养等多项少儿综合教育培训课程;同时引进"快乐小鸭妈妈会所"这一崭新市场概念,立志为漂亮妈妈们留出一块属于都市女性自己的空间,主要服务内容为:亲子瑜伽、女性美容美甲、身体保健、女性化妆培训、礼仪培训、插花、茶艺、心灵鸡汤、幸福沙龙等各类女性服务及培训项目。让妈妈们在快乐小鸭既可以安心照顾孩子,又能得到美的熏陶和训练。

快乐小鸭在 2015 年下半年投拍快乐小鸭系列动画片,预计在 2016 年下半年投放电视进行播放,同步导入快乐小鸭衍生品系列:毛绒公仔、陶瓷工艺品、文化衫、亲子装、文具系列、数码电子类产品、儿童手表等。快乐小鸭也在 2015 年下半年启动了在线教育网络平台,主推快乐小鸭核心课程:快乐陶艺、亲子烘焙、创意美术、成长启蒙班等。同时,"幸福成长"品牌主打私人订制业务,如订制书籍、订制各类活动 PARTY 等。幸福成长公司力争成为一个助力中国少年儿童幸福成长的民族儿童教育品牌,一个关注中国家庭幸福的社会企业,一个致力于推动和谐社会的O2O互联网社区,一个具有鲜明中国特色的创意文化企业。

3.5 公司历程

2013年7月6日,在公司注册2个月后,第一家快乐小鸭儿童益智成长乐园在深圳市龙华新区甲级写字楼正式诞生。主营青少儿陶艺教育,500平方米的场地只做了一个陶艺教育项目,当时请到的是快乐小鸭创始人施敏的高中死党,在上海经营儿童陶艺教育10多年的邓老师来全盘管理公司事务。公司运作大半年时间后,每月只有寥寥几万元收入,费用却高达十几万元,店面净亏近百万元。

2014年3月,骨干陶艺老师离职;4月,两位主要的市场销售人员辞职;5月,公司骨干邓老师提出她无法继续再在深圳工作,要回家乡专职照顾她的两个孩子。一时间,四面楚歌。

"那段日子,我第一次真正体会到了创业的艰难,体会到了每月亏钱的巨大痛苦和不安,更体会到了自己不尊重这份事业,对公司运作没有敬畏之心造成的巨大影响。创业不是玩票,而是你必须全力以赴、全情投入去做的事。"施敏当时如是说。

2014年6月,快乐小鸭儿童益智成长乐园开始了艰难的整改之路。将平时没有任何会员上课的周一至周五上午的时间利用起来,开设了针对2岁到3岁半幼儿园学龄前儿童的成长启蒙班,解决了很多没时间照顾孩子的家长们的刚需,这一块的收入在3个月后就实现了每月4万~6万元;加设了创意美术课程、创意手工课程、素描课、国画课、中国舞等,把之前单一的陶艺培训课程也和团购、与其他机构联合经营结合起来,起到了很好的效果。

2014年7月是暑假传统旺季,实现月收入13.5万元,第一次扭亏为盈;8月份收入17万元。快乐小鸭龙华店一周年之际,快乐小鸭做了一场会员回馈活动,许多家长和孩子们都来捧场。他们很开心地喊创始人施敏为"施老师",而不是曾经的"施总"。从只有金钱和物品交换的生意场转到了教育岗位,虽然施敏并不是专业老师,却已经由衷感受到了家长和孩子们对快乐小鸭和所有员工的信任和尊重,内心很感动。

2014年12月8日,快乐小鸭亲子艺术体验家园深圳南山海岸城店开业。

2014年12月10日,快乐小鸭通过互联网众筹融资平台中的最大黑马——人人投,向全社会融资300万元。11天后,在中国传统佳节冬至,顺利成功。从此快乐小鸭在全中国多了49位值得信赖的合作投资伙伴。

2014年12月22日,快乐小鸭第三家分店——快乐小鸭少儿成长益智家园福田口岸店开业。

2015年2月1日,快乐小鸭亲子艺术家园南山保利店开业。

2015年4月9日,幸福成长公司获得100万元天使投资,出让企业2%股份,企业估值跃升至5 000万元。

2015年4月18日,快乐小鸭儿童益智成长乐园的700平方米的南山旗舰店,也是在深圳的第五家店面正式开业,来宾超过400人,搜狐、腾讯、网易、中国教育网等主流网站,《深圳晚报》《深圳商报》等主流报纸均作了相关报道。

2015年5月5日,在深圳证券交易所38楼的前海股权交易中心一号会议室,由前海股权融资部为幸福成长公司举办的专场项目投资路演,得到了在场多家风投机构的认可。

2015年5月6日,深圳市幸福成长文化有限公司正式挂牌前海股权交易中心,挂牌代码665342,快乐小鸭一脚跨过了资本运营的初级门槛。

2015年9月,19位上海财经大学MBA同学投资160万元,幸福成长公司(快乐小鸭母公司)整体友情估值2 500万元,施敏女士转让个人6.4%的股份。

2015年11月,经过激烈的竞争和精彩的角逐,由快乐小鸭创始人施敏亲自带领的小鸭创业团队斩获由冠生园集团冠名,上海财经大学创业学院、共青团上海财经大学委员会共同主办,全球创业周提供支持的首届"上海财经大学创新创业大赛"桂冠!当场获得多家投资机构青睐,上海东方财经、《解放日报》《东方教育时报》等多家主流媒体进行报道。

2016年2月,快乐小鸭上海虹口007教学基地正式营业。

2016年5月,幸福成长公司以3 500万元的友情估值,获得深圳市大康实业和其他几家企业联合注资合计530万元,施敏女士转让个人15.14%的股份。

2016年7~8月,成功举办2016年首届"快乐小鸭杯"全国青少儿陶艺大赛。本次大赛由共青团景德镇市委、江西省青少年宫协会和全国中小学陶艺培训基地主办,景德镇团市委驻深圳工作委员会和幸福成长文化有限公司共同承办,标志着中国青少儿陶艺教育水平的全面提升和行业标准的建立。此次大赛吸引了来自全国800多位青少儿参加,快乐小鸭为千年瓷都景德镇实现"用陶瓷与世界对话",从青少儿教育的角度写下了浓墨重彩的一笔!

2016年9月,经过3年精细打磨,快乐小鸭拥有了整套的中国首套青少儿陶艺系统性教育课程(3~12岁),所有课程都经过几十堂甚至上百堂课的反复试验,即将正式问世。快乐小鸭即将整合公司3年来的VI、SI、课程体系、加盟体系等,开始推动中国青少儿陶艺教育向着标准、专业、精细、一体化的方向快速发展。

3.6 团队构建

创始人:施敏女士。

首席顾问:上海财经大学创业学院执行副院长、博士生导师,刘志阳教授。

陶艺美术总顾问:中国陶瓷美术大师、国际陶瓷文化传播大使,胡忠胜先生。

陶艺教育顾问:江西省青少年宫协会副会长、景德镇市少年宫主任,吴春晓先生。

财务顾问:正铭咨询公司首席顾问,徐劲松先生,他常年担任京瓷、索尼、住友电工顾问。

运营顾问：瓷都(景德镇)十大杰出青年，景德镇中润陶瓷有限公司董事长，方新先生。

快乐小鸭还聘请多位专业顾问，协助企业厘清发展方向，制订切实可行的经营规划，协助解决许多发展中的"瓶颈"问题。从企业的战略、管控和经营上对快乐小鸭进行多方位指导、协助，伴随小鸭共同成长。

专业陶艺教研团队：截至2016年9月，公司有员工68人，其中3名硕士，28名本科生。国家级陶艺美术大师胡忠胜大师担任荣誉顾问，有着科班出身的专业陶艺教师团队，其中多位教师毕业于景德镇陶瓷大学(景德镇陶瓷大学是我国唯一一所以陶瓷命名的多科性本科高校，现已发展成为全国乃至世界陶瓷文化与陶瓷艺术交流、陶瓷人才培养和科技创新的重要基地)。

品牌事业部主管：施敏，上海财经大学2012级工商管理硕士，景德镇团市委驻深圳工作委员会书记，景德镇市青年联合会常务委员，景德镇市青年创业者协会副会长，上海财大创业学院创业导师。

企划部主管：翟震，毕业于江南大学工业设计专业，曾获德国红点概念设计奖，万宝杯宠物玩具设计大赛银奖，东莞杯国际工业设计大赛银奖，全国"星创意心设计"玩具创意设计大赛金奖，第三届中国玩具和婴童用品创意设计大赛银奖等多个奖项。

教务部主管：韩杨，毕业于景德镇陶瓷大学陶艺专业，擅长陶艺、雕塑，曾同韩国现代陶艺家郑吉永老师一起参加中韩两国许多展览和个展，其中"看书""骑马"等优秀作品被收藏。

市场部主管：李雅琦，毕业于四川传媒学院新闻系，其作品《夏日青春》荣获金熊猫入围奖，曾参与"西藏解放60周年"国家级大型活动、博鳌陈列会展、央视"非常6+1"深圳海选活动，曾担任"哪拍网"销售部主管、世纪星文化传媒有限公司市场总监。

行政部主管：胡琼，历任美国上市公司迈瑞生物医疗内审部总监秘书及法国上市公司BV检测认证南中国区总经理助理等职务，有12年行政管理经验。

财务部专员：杨楚楚，毕业于常州大学会计专业，历任深圳市支点集团有限公司总公司及多家分公司的会计，曾代理上百家公司的报税做账，为企业提供财务管理方面的指导。

景德镇子公司负责人：胡忠胜，现任中国陶瓷美术馆馆长，世界华人文化传承协会顾问，中国陶瓷美术大师，国际陶瓷文化传播大使，江西省高级陶瓷美术师。

上海子公司负责人：林雄杰，上海财经大学创业学院校友。

4 项目特色

4.1 商业模式

先用一张商业模式画布，简单说明快乐小鸭目前的商业模式。

合作伙伴：亲子家庭、政府机关、陶艺及其他教育机构、学校、教育机关、新闻媒体、企事业单位等	关键业务：文化产品设计、陶艺教育、门店加盟	价值主张：玩中学，学中玩，让教育回归人与自然	客户关系：优质服务、一站式服务、良好的加盟跟进服务	客户细分：中高收入家庭、企事业单位、陶艺机构等
	核心资源：专业教研团队、设计创意团队、政府对应资源等		渠道通路：门店地推、SEO网络优惠、官网及微信、权威媒体	
成本结构：教案研发、品牌推广渠道、门店运营费用		收入来源：陶艺课程、体验活动、第二课堂、大赛费用、门店加盟费用、文化衍生品		

图 2　商业模式画布

通过对商业模式的分析，对以下九大要素进行了梳理：

4.1.1　客户细分

创造价值的对象：全国乃至国际上计划投身青少儿陶艺教育的个人或机构，热爱陶瓷艺术的青少儿和成人，幼儿园和中小学及其他教育机构，企事业单位，几乎所有中产及以上热衷传统文化教育、有孩子的家庭等。

最重要的客户：计划从事青少儿陶艺教育的个人或机构、热爱陶瓷艺术的中产家庭。

概括而言，快乐小鸭所提供的文化产品（例如动画产品、文化衍生品、陶艺教育产品）适合广大中产及以上有孩子的城市家庭，以及所有需要使用陶艺教育产品的教育机构（包括中小学、幼儿园等）和有志于从事青少儿陶艺教育的企业或个人；同时也包括各类需要举办陶艺文化活动的企事业单位。

4.1.2　价值主张

快乐小鸭的价值主张：玩中学，学中玩，让教育回归人与自然。

同时，向客户传递青少儿陶艺教育的六大功能和益处：

提高动手能力，开发左右脑新潜能；

培养专注能力，增强创意创新思维；

拓展艺术思维，全面提升想象能力；

倡导快乐教育，培养孩子独立成长；

增进亲子关系，提升家庭幸福指数；

传承国粹艺术，弘扬中华传统文化。

4.1.3　渠道通路

快乐小鸭主要通过以下渠道接触客户细分群体：

通过微信公众号、媒体宣传、口碑传播、社交圈等传播渠道；

通过快乐小鸭自营或加盟的教育机构等线下渠道；

通过各种推广进社区活动、线下文化活动；

通过组织"快乐小鸭杯"全国青少儿陶艺大赛；

通过后续的各种文化产品，如动画片、微信表情、衍生品在网络平台上的售卖，以及青少儿陶艺美术作品拍卖活动等。

最有效和成本效益最好的渠道：通过微信公众号、口碑传播、朋友圈等线上渠道及陶艺大赛、线下活动等线下渠道最有效；通过微信公众号、口碑传播、朋友圈等线上渠道成本效益最好。

4.1.4 客户关系

快乐小鸭的精准客户关系主要分为几大类：

终端用户：热爱陶瓷艺术、有一定文化素养、重视教育的有孩子的中产家庭。

合作用户：计划投身青少儿陶艺教育的个人或机构。

服务助理：提供单次文化类休闲娱乐服务给机构或家庭。

4.1.5 收入来源

快乐小鸭提供如下价值内容：快乐小鸭青少儿陶艺教育，陶艺教材的提供及更新，陶艺机构开业及市场运营方案，青少儿陶艺教育师资团队打造；举办国家级青少儿陶艺大赛；快乐小鸭系列文化产品（动画片、宣传片、儿童剧等）及相应衍生品（玩具、文具、文化衫、其他手工艺品等）。

客户支付的方式：现金支付、协议转账支付、微信、支付宝等。

收入来源：门店日常教学收入、各类外接活动收入（派对活动、企业团建、会员 VIP 活动等）、教育机构合作教学收入、门店加盟收入及管理费收入、陶艺大赛组织收入、文化产品及衍生品收入等。

4.1.6 核心资源

快乐小鸭的核心资源主要有如下几种：

教学产品及专利：拥有国内一流的青少儿陶艺教程、一流的师资力量和多款设计专利。

品牌影响力：在公司的各项活动和品牌宣传下，快乐小鸭作为中国青少儿陶艺教育领导品牌，已经具备一定的影响力。

官方及专业实力背景：快乐小鸭作为由景德镇团市委重点推荐和打造的品牌，具备举办国家级青少儿陶艺大赛的资格和实力，首届大赛获得共青团中央、江西团省委、景德镇团市委、江西省青少年宫协会、全国中小学陶艺培训基地、景德镇市委市政府、景德镇陶瓷大学、景德镇学院、国家级陶瓷美术大师等的支持、认可及背书。同时，作为上海财经大学创业学院在深圳的首个创业实训基地和首届创业大赛冠军项目，背景资源实力雄厚。

4.1.7 关键业务

快乐小鸭经营的关键业务是：

中国最专业的青少儿陶艺教育基地（为热爱陶艺的青少儿提供专业的系统教学）；

中国最好的为青少儿陶艺教育机构提供合作和发展服务的优质平台（如协助各地区陶艺教育机构进行全国大赛、为机构培训优质陶艺教师、提供专业教材等）；

中国首个以陶艺教育为主业的国际性儿童创意文化教育品牌（未来以陶瓷文化为基础，拍摄各类民族文化题材的系列动画片，并设计出各类衍生品）。

4.1.8 重要伙伴

重要伙伴：各地青少年宫、团委、景德镇陶瓷大学、景德镇学院等。

重要供应商：SI设计公司、相关原材料（窑炉、陶泥等）供应商。

核心资源：客户对教学课件、市场推广、教学创新等源源不断的需求。

合作伙伴执行的关键业务：共同推动青少儿陶艺教育事业发展。

4.1.9 成本结构

固定成本：直营门店及总部的房租、水电管理费用、员工薪资、门店一次性装修投入、设备投入开支、市场营销费用等。

花费最多的核心资源：课程研发及人员费用。

花费最多的关键业务：市场推广，完善加盟管理体系。

4.2 未来战略

4.2.1 总体战略

习近平总书记提出了"弘扬中华传统文化"及推进相关扶持政策；教育部对提升中小学及幼儿园素质教育、开展第二课堂选修课程的关注度逐渐加强。对青少儿陶艺教育的认知度正在逐步提升，并成为一种需求，这种需求催生出巨大的市场空间和无穷的发展动力，创造出投资陶艺事业的最佳时机，陶艺被誉为永远朝阳的行业。据咨询公司预测数据，未来几年陶艺市场规模将以每年15%的速度增长。中国现有青少年人口约为1.8亿，陶艺市场化程度仅为1%，放开二胎后，上述数据还将增加，未来发展空间巨大。

公司致力于青少儿陶艺教育标准化，立志做青少儿陶艺教育黄金领导品牌。除了自营门店外，更希望借由加盟及合作方式将青少儿陶艺教育推广到全国乃至国际，在未来的3~5年内实现爆发式增长，从而使得中华传统陶艺教育这一国粹艺术得到真正的推广和传承，使陶艺成为大家真正喜闻乐见、高大上的第二课堂教育课程。

与此同时，快乐小鸭品牌卡通形象"嘟嘟"和"丫丫"即将通过加盟合作、直营门店走到全国青少儿身边，为他们所喜爱。快乐小鸭还将制作出优良的国产动画作品和衍生品，最终使得快乐小鸭成为中国青少儿传统文化教育的一张灿烂名片，成为第一个走向国际的真正的民族儿童教育品牌！

4.2.2 发展规划

（1）起步期（2013~2016年）

完成深圳、上海数家直营陶艺教学基地的建设、运营和思路探索；

完成快乐小鸭青少儿陶艺教材的第一期整体研发和出版、市场推送；

进驻 10 所以上深圳及上海的试点学校;
成功举办首届"快乐小鸭杯"全国青少儿陶艺大赛;
完成快乐小鸭微信表情包和动画片的初步规划,部分衍生品导入市场;
完成 3~5 所合作、加盟陶艺机构的开立。
(2) 发力期/爆发期(2017~2018 年)
快速复制全国加盟及合作门店达到 80~100 家;
陶艺专业课程进驻全国 100 所以上学校;
动画片出炉及衍生品占领一定市场份额;
互联网陶艺教育启动并推广;
营业额达到 8 000 万~1.5 亿元;
完成新三板挂牌。
(3) 全面爆发期(2019~2020 年)
全球门店数量达 300~500 家;
目标营业额 5 亿~15 亿元,挂牌 A 股或美股教育板块。

5　案例点评

宏观环境中的人口变化(人口规模、年龄结构、就业状况、教育程度和收入等方面的变化)是创业机会的重要来源之一,人口变化对消费品、消费者和产品质量都有巨大的影响。目前以及未来相当长一段时间内,我国最为显著的人口变化将是"二胎"政策全面推行带来的新生儿数量的爆发式增长,随之而来的将是相关产业内新需求、新机会的大量产生,而儿童教育产业正是其中之一。

因此,快乐小鸭项目的成功首先正是在于敏锐地把握住了市场机会,并选择了陶艺制作这样一种寓教于乐、具有启发性和开发性的教育方式,作为儿童教育市场的切入口,成功打入儿童教育市场。因为陶艺教育寓教于乐,无论对家长还是孩子而言都是真实有效的需求。

除了准确把握住了市场机会,快乐小鸭成功的重要因素还在于 IP 开发、商业模式和团队几方面的成功。快乐小鸭从创业之初就重视 IP 以及衍生品的设计开发,这是一个树立壁垒的正确战略。其商业模式清晰,盈利模式确定且已经得到验证,业务品类拓展性很强,有一定想象空间。并且快乐小鸭的团队相对比较成熟和专业,股权结构比较合理。

最后,对于快乐小鸭来说,虽然这是一个有想象空间的教育类项目,但需要通过互联网提高获客和运营效率。

【服务+教育】

金融教育平台 WESTARTIN

1　创始人简介

陈红兵：上海财经大学2005级财务管理专业，作为一个富有创新精神的新生代大学生，从大学时代就兜售收音机、制作动漫的他从骨子里认为，毕业于国内顶尖财经大学，不跟随时代大势做点事情实在不过瘾！于是毕业一年，他就毅然决然地辞去了德勤稳定而光鲜的审计师工作，一个猛子扎进创业大潮，从此走上折腾不止的创业"不归路"。曾经带领1 000名学员赴纽约、伦敦等地游学，对金融就业、求职有着丰富的经验，指导了上千名大中学生就业、升学。

2　项目概述

WESTARTIN始终致力于为合作伙伴及客户创造价值，为推动行业发展做出努力。

WESTARTIN的创立是基于海内外金融业高度融合、中国金融业快速发展及开放、社会对于优秀金融人才有迫切需求、国家决心发展金融业的大背景。WESTARTIN

图1 WESTARTIN 的 Logo

专注于与全球领先的大型金融机构合作，创新研发了股票、外汇、期货、原油、海外股指等金融实习、培训项目，提供全球青年到顶尖金融企业实习、交流的机会；旨在搭建一个互助交流、创新整合的实践平台！在过去的3年，WESTARTIN 的学员足迹一路向西走到了英国的伦敦、剑桥、牛津；跨越重洋走到了曼哈顿、华尔街；并徒步探索中国香港、澳门以及澳大利亚的悉尼！

（1）海外实习类

★ 纽约/芝加哥/加州

WESTARTIN 与华尔街的著名金融集团建立合作关系，组织招收青年人才赴纽约华尔街进行金融交易员实习、基金管理培训、分析师培养；通过整合优质的纽约金融市场资源，为大学生进入北美一线金融中心铺垫道路。

★ 悉尼

悉尼，澳大利亚最大的金融中心，亚太地区重要的金融中心。WESTARTIN 唯一一个在南半球的项目，不仅仅整合了知名金融集团的优质资源，更将多年积累的企业资源进行呈现，为项目参与者提供一个深入金融行业内部的机会和平台。使成员不仅能深入接触顶级的金融公司，更是一次奠定自身未来职业生涯发展方向的里程碑。

★ 伦敦

伦敦是全球资本最原始的避风港，伦敦的资产价值一直处于稳步升值的趋势之中。伦敦与纽约、中国香港等金融中心相比，最大的优势在于其作为发源地的深厚历史和强大的工业积淀，全球的顶级富豪都会选择伦敦作为财富管理的中心，或选择在伦敦成立对冲基金。WESTARTIN 通过多年积累的行业内部资源，朝圣对冲基金的殿堂——伦敦，不仅仅是整合知名金融集团的优质资源，更是将多年积累的企业资源进行呈现，为项目参与者提供一个深入金融行业内部的机会和平台。

图2 纽约

图3 悉尼

图4 伦敦

★ 中国香港/台北

中国香港作为全球离岸金融中心的代表,其金融业、服务业、旅游业的发达带动了经济的发展,并且吸引了全球著名跨国企业的入驻。WESTARTIN 通过与驻香港的企业合作,让更多大学生赴香港知名企业、大学进行实践性培训、实习,从而能不赴欧美也可以先行体验全球经济高速发展,感受资本与实体经济的强大。

图 5　中国香港

★ 上海

WESTARTIN 举办的海外项目是与实力金融机构合作,但由于项目在海外举办,资源有限,因此出国、企业资源稀缺性导致无法让很多的学员加入 WESTARTIN 海外项目。考虑到大部分中国的大学生需要学习金融相关的实践知识,特别是交易及创新性金融产品,WESTARTIN 特别整合了实力金融集团在中国大陆的分公司和子公司,开设 WESTARTIN 上海实习项目,旨在为更多的国内学员提供金融通道,帮助更多的学子向金融世界走出最开始的一步。

图 6　上海

(2) 学术交流类

★ 牛津大学中国论坛

主题为"全球视野下的当代中国",旨在汇聚全球顶尖大学的专家、学子,探讨和解读世界眼里的中国。论坛邀请顶级学府优秀学者向参与者传递对中国问题的最新观点和多元视角。授课教师全部来自牛津大学,均在社会、政治、经济和文化等领域有着深入研究和切身实践。课堂之外,论坛为参与学员提供最本色的牛津生活体验,学员与牛津大学的学子进行密切接触,交流学习生活心得,获取名校申请经验。

★ 剑桥大学创新与社会发展论坛

在剑桥教授的引领下,回顾"欧债危机与后危机时代""奥运会经济与奥运时代的发展潜力"等社会经济热点,深入浅出地解析宏观环境的近期走势,基于时代背景探讨创新及企业家精神对社会发展的影响力,并通过让学员参与创新锦标赛,深入理解企业家精神的实质是一种对任何领域、任何职业发展阶段都至关重要的思维方式。

★ 走进西点、沃顿

深度解码商业领导力的内核;助力全新自我管理与自我激励的理想及目标的建立,领先他人一步出发!具体由核心商业领导力发展课程、宾夕法尼亚大学沃顿商学院创新与创业课程、主题 PanelTalks 以及知名国际机构如联合国南南新闻通讯社等团队任务挑战等核心模块组成。

★ 走进康奈尔大学

获得跨界视野,聚焦巅峰,解码常春藤商学院,体会常春藤名校教授的课程,形成对于中国资本理念、技术创新的宏观且较为深入的认识。与常春藤院校招生办公室人员进行座谈,了解申请常春藤院校以及其他高校的细节和内幕;与在美中国学生、学者进行深度交流、探讨,体会不同的教育环境对于人们的影响,以及在西方化教育训练下产生的思维差异。

★ "天之骄子"卓越计划——高中生

WESTARTIN借助已有的全球企业和教育资源,搭建起了首个专门针对高中生的海外视野拓展平台,"读万卷书"还需要"行万里路",WESTARTIN为"天之骄子"制订明日之星卓越计划,助力未来发展。

(3) 能力培养类

随着社会的快速发展,人类已经进入了信息爆炸的时代。为了获得更多的知识,越来越多的包括中学生在内的学生选择留学。一些留学生由于缺乏适应能力,无法融入当地社会,导致了心理问题乃至做出极端行为。WESTARTIN有专业的语言培训、金融实习、留学申请和就业指导团队,为想要出国留学的高中生量身打造精英计划,并整合WESTARTIN优质的全球金融企业和国际名校资源,给志存高远的青年才俊一个锻炼能力、提高素质、拓展人脉、展现自我的舞台。

(4) 事业拓展类

如今的教育除了要重视培养学生的传统文化意识外,也更加注重对学生全球视野的培养。海外视野拓展项目旨在提倡学生们培养自己的独立生存能力,到一个新的环境去主动拓宽自己的人脉圈,让自己的眼界开阔,让自己的手脚灵活,让自己的大脑思考,让自己的心智成熟。针对高中生群体,在整个项目过程中,除了保留已有的专业金融实践操作训练,还加入了素质拓展、领导力管理、职业发展指导、心理素质训练和团队精神培养等,让学员们在收获知识的同时,真正融入国际大都市,走入世界顶尖名校,提前感受国际顶尖大学的学术氛围和当代精英大学生的学习生活环境,为自己将来留学、职业发展做好准确定位。

★ 精英校友会

① 步入世界顶级学府和知名企业,对话学术权威与商业精英,形成探索社会经济问题的国际视野。

② 参与各地举行的WESTARTIN校友会,接触高端人脉,结交世界顶级学子与社会精英,提升自身交往平台,收获宝贵的国际友谊。

③ 参与WESTARTIN举办的职业规划、求职培训课程,WESTARTIN邀请世界500强企业的HR,定期为校友提供职业规划的指导课程。

④ 参与长三角世界500强HR俱乐部活动,与世界500强企业HR亲密互动,优先获得世界500强实习机会甚至工作机会。

⑤ 参加 WESTARTIN 内部成员以分享为主题的经验交流会,与 WESTARTIN 高层亲密互动,获得海外深造方面最深入的指导和咨询。

⑥ 优先获得参与由 WESTARTIN 主办、承办或合作的海外高峰论坛的机会,进入高端人脉交际圈。

★ WESTARTINers 平台资源

① 海外升学学长辅导

通过涵盖美国常春藤及西海岸知名高校的网络体系以及项目合作,建立了稳定的联系,平台嫁接了名校、名师资源,为开展各类高峰论坛、活动、专业项目做足了充分准备。并且,基于校友会庞大的校友数据库,提供贴身、专业的一对一留学服务,圆 WESTARTIN 学员的海外留学梦。

② 职场就业导师计划

每年定期的交流、实习、研讨项目,积累了庞大的人才资源,不仅积累了大量的青年学子、逐步走向职场的应届生,同时也积累了职场优秀的在职企业人才,尚在海外求学的学子人才。通过校友通道,建立稳定的联系和追踪体系,为人才发展、晋升、换岗提供专属的优质通道。

③ 人生发展良师益友

通过与国内外具有实力的机构组织进行合作,WESTARTIN 积累了充分的企业导师资源,WESTARTIN 的精英学子也同时被纳入了合作企业的人才培养计划中。项目仅仅是一个开始,在未来的职业发展以及人生历程中,这些企业导师将关注每一个优秀的 WESTARTIN 学员的发展,在 WESTARTIN 平台上共同培养优质的金融人才,实现资源共享。

3 创建过程

3.1 时代召唤:响应经济大势,缔造精英平台

在一次偶然去伦敦参加交流项目的过程中,陈红兵发现,很多中国青年人开始选择走出国门,接触海外金融市场;很多学弟学妹也向他咨询,如何能更好地求学和就业。他突然想到,在金融全球化大背景下,海内外金融业正在加速融合,中国金融业也迎来大发展时代,行业的加速发展意味着对人才的无限渴求,上海财经大学作为首屈一指的财经类院校,其莘莘学子必然会因为首先感知到时代的召唤而对金融行业跃跃欲试,既然如此,他作为财大人,为何不架起一座沟通国内与国际金融中心、学子与顶尖金融名企的桥梁呢?基于此,陈红兵携手胡玉婷和曹艳艳两位亲密合作伙伴,WESTARTIN 金融实践平台应运而生!

从诞生之初,WESTARTIN 便专注于与全球领先的大型金融企业合作,创新研发了

有关股票、外汇、基金、期货、海外股指等的金融实训项目,提供全球青年深入顶尖名企、实践开创未来的机会!纽约、伦敦、悉尼、新加坡、中国香港、上海,6年来,陈红兵带着中国一帮最有活力、抱负和眼光的年轻人,纵横南北、横贯东西,用脚步丈量了全球金融中心!6年来,已有6 000名校友通过WESTARTIN的平台践行了自己的金融梦想,开阔视野、习得技能、升华思想,从而叩开了知名学府与卓越企业的大门,成为真正的时代精英!

教育的力量超出了陈红兵的想象,从一开始带着校友看世界,到见证那群孩子用知识和思想创造世界,其中的惊喜和震撼无法言喻。正如一位现就职于华尔街某投行的校友所说:"WESTARTIN浪潮给予了我们一扇看世界的窗户,我们希望带着世界最先进的行业技术回馈祖国,推动行业发展!"现如今,WESTARTIN已于细分行业中名列前三,受到了合作伙伴和精英校友的一致认可,而陈红兵却有着更大的梦想。

3.2 厚积薄发:回归人才本质,搭建教育闭环

在这么多年行走世界的过程中,虽然感受到了祖国的飞速发展和人才素养的长足提升,但陈红兵也认识到海内外行业发展与青年人对行业的认知水平还有显著差异。对大部分中国青年人而言,金融还是一个高高在上的东西,它的代名词是摩根、高盛这类美国大投行。而在陈红兵看来,金融教育的目的是使人更加自由和自立,青年人应该将金融知识融入日常生活,养成良好的学习习惯,练就扎实的行业技能,利用金融工具培养健康的理财意识,这不仅能开阔视野,树立正确的择业观,还能日积月累提升自己的物质生活。带着这么多年的行业经验积累及自身对教育的深刻认知,陈红兵结缘外汇青年团队,优势互补,资源共享,海龟交易平台由此诞生!

除了陈红兵,平台的联合创始成员邱宇霏、王志攀和鲍安兵均毕业于国际知名高校,且任职于海外知名券商,带着对金融教育初恋般的热情与宗教般的意志,海龟交易团队希望通过平台将国外优秀的交易理念及先进的量化技术带给更多对金融感兴趣的中国青年。

近年来,互联网大潮波澜壮阔,许多人加入社群、交流探讨的意愿非常强烈,陈红兵确立了互联网+社群+交易的金融教育模式,覆盖群体从单纯的大学生到都市白领。独行有速,众行求远,随着百余个交易社群的搭建运营、百余场专题讲座的稳步推进、60个线下训练营的顺利开展,海龟交易已经由一个规模较小的初创平台蜕变为一个打破高校、企业与个人之间藩篱,汇聚数万金融交易爱好者的优秀品牌!不仅如此,通过线上与线下的同步开展,传统教育与新媒体的华丽结合,一个互联网+交易的开发生态圈已经成型!

陈红兵发现,在这波创业中最有趣的是,社群模式不仅使得知识的传递变得容易很多,还使得这些来自海内外名校的大学生和来自渣打银行、国金证券、德邦证券等知名企业的白领之间发生了神奇的化学反应:数以万计的大学生通过海龟平台找到了职场导师,而企业白领也轻松觅得了众多贤才,这种神奇的人际关系网消除了由信息不对称和年龄差距带来的隔阂感,使求职变得容易,招聘变得简单。而他们反过来也为海龟交易平台

输入了源源不断的人才资源和其他宝贵资源,从而形成了一个自运转的良性循环和教育闭环。

在陈红兵等核心成员的不断探索下,海龟交易团队的发展已初具规模,投资研究、市场、产品、运营、新媒体等部门一应俱全,对金融交易平台和金融资讯网络的潜心筹备将品牌发展带入全新的阶段。

3.3 继往开来:金融教育融合,重视长远发展

6年的全球金融实践教育为陈红兵及其团队带来了好口碑、积累了资源和经验、汇聚了人才。今天,陈红兵打造的是属于中国的优秀交易平台及资讯网络,他希望在不远的将来,中国金融爱好者在交易时操作的是中国的平台,阅读的是中国人写出的优秀分析报告,实现金融与教育的真正融合!

陈红兵团队已经针对英国退欧、万科之争等时代热点发表多篇专业研究报告,并通过直播平台与数万社友亲密互动。金融交易已经轻松地融入学员的日常生活,变得生动有趣且充满深远意味。这个平台的所有学员把金融交易作为工作生活中不可或缺的一部分,他们由此看到更大的世界、赚取更多的资本、结识更多的人脉。

风云际会,时代召唤,陈红兵带着财大人的一份执着和信念,在自己的创业路上越走越远。

4 项目特色

★ WESTARTIN 大事记

2010年12月份,创始团队成功成立一期28人的剑桥大学学术交流团,使得来自全球的高校精英能亲身参与为期两周的原汁原味的剑桥大学课程,感受剑桥学者、教授的积淀和智慧。

2011年7月份,团队打造牛津中国论坛,主题为"全球视野下的当代中国",旨在汇聚全球顶尖大学的专家学子,探讨和解读世界眼中的中国。

2011年11月份,WESTARTIN 联手讯汇金融集团开启 BRAVE NEW WORLD 投资交易实习项目,香港最大衍生品做市商、投资大师亲临指导,把脉全球贵金属期货市场,优选配置金融衍生品投资组合,实现隔夜套利。

2012年7月份,WESTARTIN 与国际金融巨头安达 ACE 启动 Wind of Fortune 基金管理项目,全球知名投行坐镇香港市场,投资专家深度剖析基金管理模式,与公司高层零距离交流,洞察金融帝国运作机制。

2013年2月份,WESTARTIN 与全球最大外汇交易商香港 FXCM 福汇集团亚洲总部共同建立人才储备计划,推出 Gateway to Hedge Fund 对冲基金项目,与国际顶尖交易

大师论道，领悟对冲基金奥秘，围猎全球金融衍生品市场的投资契机。

2013年8月份，WESTARTIN再次联手FXCM福汇集团全球总部打造高品质Gateway to Turtle Trader海龟交易项目，带领30名金融精英勇闯华尔街，直指行业巅峰，深入获悉金融行业本质原则，发掘全球最具潜力的对冲基金管理人。

2014年1月份，WESTARTIN证券投资方向项目Insider Security Market深入南半球最大的金融中心之一——悉尼，通过澳大利亚最大的金融平台Phillip Capital深度了解期货、外汇和大宗商品的交易精髓，际遇金融精英。

2014年8月份，WESTARTIN开启对冲基金峰会Summit & Full-time Internship，来到全球资本最原始的避风港——英国伦敦，由全球顶尖的基金公司Rathbones、知名的金融企业AFX Capital遴选优质人才，进行为期3~6个月的实习，并可纳入海外人才就业计划。

2014年8月份，WESTARTIN与全球首屈一指的保险集团——友邦保险，以及福汇亚洲强强联手，横跨中国澳门、香港两地，触及保险、外汇两大金融核心领域，促进金融人才全方位培养。

★ WESTARTIN"大学生金融菁英俱乐部"（WFC）介绍

（1）WFC的性质

WESTARTIN"大学生金融菁英俱乐部"是由WESTARTIN GLOBAL CULTURE EXCHANGE NETWORK发起，并由高校在校生运营和管理的公益性学生组织。

（2）WFC的宗旨

WESTARTIN GLOBAL CULTURE EXCHANGE NETWORK作为一个交流互动性全球品牌，旨在汇聚来自全球高校、企业、公益组织的优秀青年和社会精英，进行探讨交流、互助分享、把握机会。每年会前往英美顶级名校的学术论坛，让青年学子们聆听大师的声音，感受顶级名校的魅力；通过和国际金融中心一线金融机构合办实习、就业项目，让青年人更早一步融入社会，有意识地规划自己的职业生涯发展；与国际专业学术团体、院校合作，让青年人更早地认识到全球化竞争和信息化时代的机遇与挑战。俱乐部遵守国家《宪法》、法律法规和国家政策，并注重社会公德。

（3）WFC文化

使命：促进同龄人之间的互动交流与友谊！

理念：以专业化管理标准培养校园领袖！

愿景：打造具有国际影响力的高校精英圈！

精神：互助分享，共同成长！

（4）WFC的起源

当前，大学生找不到合适的工作已成为一个沉重的社会话题。"就业是民生之本"，大学生就业是我国就业问题中带有战略性的核心问题。"天时不如地利，地利不如人和"，人民币国际化脚步的加快、上海自由贸易区的前瞻性探索与深圳前海自贸区的先行试点，都预示着未来金融服务业将是经济结构改革中重点突出的行业。此时,有一群新一代的中国青年,因为金融走到了一起,因为 WESTARTIN 结缘,在畅谈自己的职业规划时,他们发现缓解大学生就业难题还需要大学生转变择业观,于是他们为着同一个创业梦想,迸发出一个惊人的想法:让新一代的青年学子在人民币国际化、资本项目开放、利率市场化的趋势中,把握金融市场发展带来的就业与创业机会。他们想点燃大学生心中创业的激情,立志打破日益僵化的社会阶层结构,创造公平的社会环境,让大学生站在公平的起点上创业。他们共建了 WFC,在这个过程中有越来越多的志同道合者加入进来。

(5) WFC 的前世

WFC 伴随着 WESTARTIN 的成长,从 WESTARTIN 获得了资金、资源、知识、经验支持。WFC 在全球主要的高校建立大学生创业组织,招募俱乐部成员,定期举办金融免费讲座、课程,并有金融行业嘉宾定期分享经验;通过 WFC 平台连接高校学子与金融企业、机构组织,让更多的商科、经济、金融专业的学生能够在学术理论之外更多地结交朋友,并且得到实践机会,也为对金融行业感兴趣的非金融专业学子提供通道,为其早日步入金融行业打好基础。

2010 年 6 月份,WESTARTIN 早期创业团队组织 28 人的剑桥大学学术交流团,与剑桥大学土地经济学院及贾治商学院进行学习交流,此后成立了剑桥交流俱乐部,建立大学生金融俱乐部的种子从此萌发。

2012 年 5 月份,创业团队在香港联合国际天使投资机构设立独资品牌 WESTARTIN GLOBAL CULTURE EXCHANGE NETWORK LTD,正式确立金融实践教育第一品牌 WESTARTIN 的高端定位。随着海外项目的开展,WESTARTIN 全球校友会成立。

2013 年 1 月份,在 WESTARTIN 的资助下,由几位 WESTARTIN 校友成立"大学生金融菁英俱乐部"。

2013 年 3 月份,依托 WESTARTIN 上海代表处的地理优势以及 WESTARTIN 的校友资源,在复旦大学、上海交通大学、上海财经大学和华东理工大学几所类型不同的上海高校进行前期小范围试点。

2013 年 8 月份,经过前期的试点,总结出一套 WFC 章程和运营制度,并开始在全国范围内发展,涉及北京、天津、上海、广州、深圳和重庆等一线城市。

(6) WFC 的今生

经过前期试点和全国推广,WFC 吸引了越来越多的金融精英,也涌现出一群优秀的青年才俊。他们在 2013 年这个号称"史上最难就业年",工科好找工作、文科就业难的情况下,没有被动接受这个现状,而是主动出击,燃起了创业的激情。WESTARTIN 作为一家教育机构,支持青年学子的创业梦想,将 WFC 完全交由大学生独立运作。

2013 年 11 月份,经过长期筹备的 WESTARTIN FINANCE CLUB 正式在国内外高校进行规模化推广及运营,已覆盖全国 18 个省、4 个直辖市、2 个自治区以及 5 所国外高校,共计有 60 余个 WFC。

2014年2月份，WESTARTIN FINANCE CLUB汇聚全国21个城市的85位学校代表、6位区域代表以及3个优秀校园团队，在上海举行了首届代表年会，确定了将来WFC的发展方向。

重要伙伴： 金融机构：美国上市公司、国内券商、银行等金融机构资源； 高校渠道：遍布全国100所重点大学的高校俱乐部及社团； 留学机构：覆盖100多家一线留学机构； 国际高中及公立中学：100多所国际高中及著名公立学校(上海四大名校)	关键业务： 海内外大中学生企业研习、实习、国际义工志愿者；财经证书、资格考试等；金融交易投资资讯及信息媒介服务 核心资源： 来自百度的技术团队；成熟的渠道资源；完整的产业链；覆盖数十万人的比赛流量；依托上财核心财经资源	价值主张： 我们的核心价值观——创造丰满幸福的人生！学员是我们永远的伙伴，人才是我们的核心资本，实现持续的增长和做行业领导	客户关系： 提供大中学生海内外实习机会；提供就业证书等软实力+硬实力的人才培养方案；提供金融企业资讯及信息服务、人力资源服务平台 渠道通路： 投资方和君集团旗下和君商学院每年数十万学员覆盖；与国内外100所大学及100所中学的直接合作关系及社团通路	客户细分： 高校财经、商科类专业大学生；国际高中及公立中学国际部；留学机构及语言培训机构
成本结构： 海外项目执行成本(酒店、机票、场地)；师资成本(企业导师、海外大学教授等)，办公场地成本，宣传成本，市场营销成本				收入来源： 海内外实习、研习，志愿者项目费；从业资格证书的培训费用；信息咨询服务费及会员费；金融机构的经费支持及渠道佣金

图7　商业模式画布

5　案例点评

　　创业是一个机会识别和开发的过程，而创业机会的一个重要来源就是市场本身的特点。由于分工在带来专业化优势的同时，也带来了市场知识的分散化，它使得许多交易在市场上无法实现，这种交易的断点创造了很多创业机会，也成就了许多企业。WESTARTIN项目在建立之初正是发现了国内金融学子与国际金融市场之间的交易断点，并抓住了这一创业机会，架起了一座沟通国内与国际金融中心、国内学子与顶尖国外金融名企的桥梁。

　　创业也是一项充满复杂性和不确定性的活动，对于创业者来说，选择在自己熟悉的市场开始创业往往是一个低风险的选择。因为在一个自己熟悉的市场中，创业者对于机会的发掘、市场的把握、资源的获取和利用以及风险的规避一般更加有把握。作为一名大学生创业者或者刚刚毕业的应届生来说，大学生市场无疑是最熟悉的市场，陈红兵作为一个刚毕业一年的大学生，他的大量关系和其他资源依然还在大学校园里，大学生市场也可能是他当时最为熟悉的市场，因此，他能够敏锐地发现大学生中存在海外金融实践需求这一市场机会。WESTARTIN这一项目成功的关键因素之一正是陈红兵能够从大学校园里获取大量的关键资源。

所以，对于大学生创业者或者刚大学毕业的创业者来说，大学生市场永远都是一个不容忽视的市场，这一市场的潜在机会和资源都是巨大的。

【服务＋电商】

推推购：
电商与斜杠人经济的结合

1　创始人简介

车林： 公司创始人兼产品总监，连续创业者，毕业于上海财经大学。在校期间，不仅是校团委的学生干部，而且大二便开始尝试自主创业。2008年底，他在上海财经大学组建学生团队销售笔记本电脑，除了有产品售价低廉的优势外，他还免费为学生们提供传统3C卖场高价收费的重装系统、电脑清灰、软件安装等服务，获得了广大同学的良好评价。车林成功将这种销售模式从一个学校复制到上海15所高校，销售额达到200万元，利润20万元，获得了在校期间创业的第一桶金。

2011年他创立了上海点星科技有限公司，开发点星网站。点星手机报、点星网、点星客户端组成的"点星三剑客"获得了热烈反响，使该项目在2012年获得上海创新创业基金5万元资助，并代表上海市参加第六届全国创新创业年会，目前公司年营业额超过800万元，在全国600多所学校拥有优质的校园执行团队。

2013年他创立了"粮典"品牌，进入电商领域，他开发的上海传统食品销售平台，销量长期居于电商平台前三甲，该项目获得上海大学生创新基金会"雏鹰计划"15万元项目奖金扶持。经过近4年的成长，目前公司拥有2家天猫店、1家淘宝店、2家银行商城，年营业额超过1 000万元，并且实现了可持续性盈利，也因此拥有了成熟的电商运营团队、供应链和运营经验。

2 项目概述

"推推购"的诞生是现今商业环境发展到一个新阶段后的自然结果。在工业时代,商业的核心是大机器生产、批量制造、逐级分销,而在后工业时代,服务业将慢慢取代制造业,成为最大的产业。服务业不涉及生产,其交换的大多为个人技能、知识和时间。不存在大规模生产,没有很长的产业链,也不需要大规模合作,很多情况下,个人甚至就能成为一个独立的服务提供商。这种情况下产生了斜杠人经济。所谓斜杠人,就是利用自己的知识技能或者影响力进行价值变现。他们往往有多个身份,往往在本职工作之余还会在网络上做第二职业。网络红人则是其中变现能力比较强的一个群体,他们利用自己的影响力帮助商家实现销量突破,产生巨大的经济效益。

如今,互联网的发展又为此类服务业的发展提供了很好的支撑,帮助供需双方解决信息不对称的问题,让独立的个体之间能够直接进行交易。除此之外,微信公众号也成了推广自品牌很好的方式,很多人通过运营公众号以及由此衍生出的商品和服务获得了非常不错的收入。现在,只要你有一定的影响力,就能利用各种垂直平台获得职业外的额外收入。

电商行业在中国发展了十几年,目前也开始从传统的流量电商向口碑电商发展,传统流量电商围绕的是生产端,而口碑电商则围绕的是消费端。

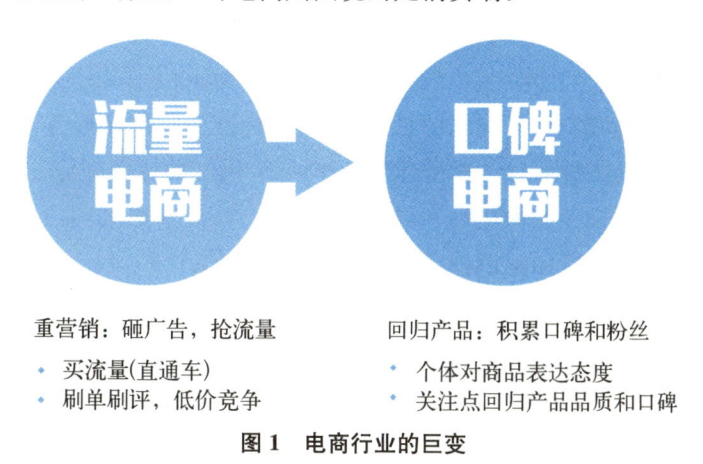

流量电商 → 口碑电商

重营销:砸广告,抢流量　　　回归产品:积累口碑和粉丝
- 买流量(直通车)　　　　　・个体对商品表达态度
- 刷单刷评,低价竞争　　　　・关注点回归产品品质和口碑

图 1　电商行业的巨变

未来 5 年,电商会发生由量到质的巨变,这是一个千亿级别的市场机会。对商品敏感、有鉴赏能力、分享精神的种子用户,伴随着消费升级会越来越多。他们是整个商业模式中最核心的一环,哪个平台最先取得这部分用户的信任和支持,哪个平台便存在颠覆性快速成长的可能。

目前,电商市场面临以下痛点:越来越多的人开始尝试借助自身的影响力和社交圈做生意,但是他们缺少可信赖的平台和行之有效的宣传方法,同时,电商平台的入口流量霸权越来越强,普通人或者新的商品的市场营销费用非常高昂,商家急需新的网销渠道,推推购就是要解决这两个痛点。

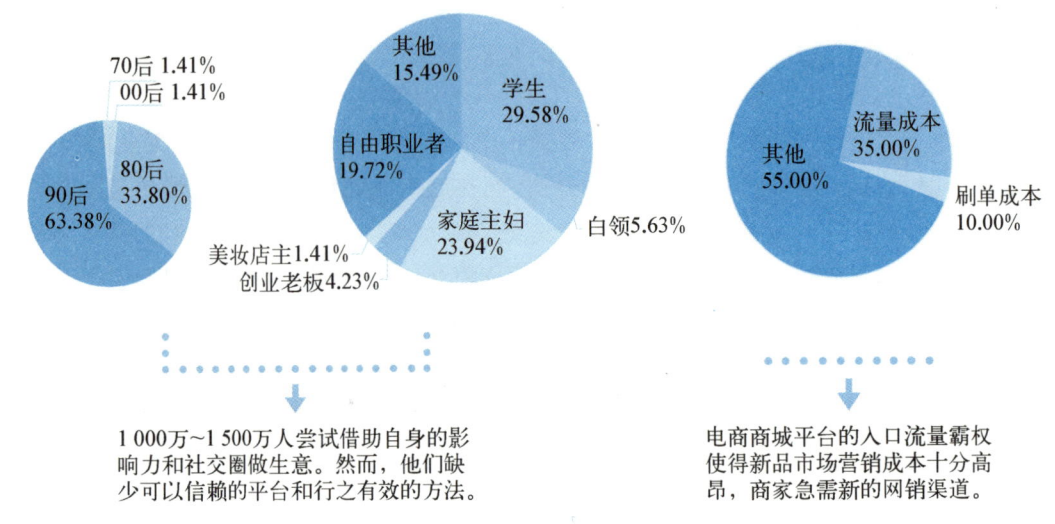

图 2　电商市场的痛点

推推购是一款针对生活圈达人和网络红人开店并销售产品的 App,其产品理念是聚合高品质的供应商资源,收集种子用户的真实体验,并帮助有影响力的小店家或者网红进行传播,实现商品销售的闭环。

如今网络红人已经积累了相当规模的粉丝和影响力,但变现的方法还十分原始,除了张大奕等超级网红,大部分网红变现问题仍然突出,他们缺乏一个服务性平台,帮他们挑选适合他们销售的单品,帮他们对接合适的供应商,帮他们运营发货,从而让他们利用自己的长处轻松变现。

推推购针对这个问题,根据网红的特性,进行高标准的定制化服务,寻找有品质保障和利润空间的产品,与大牌新品的货源厂商合作,结合网红的特点进行二次包装。

通过强大的供应链、专业的培训和出众的营销平台,推推购成功为各种网络红人、达人提供店铺管理工具,并帮助他们推广、销售为他们定制的产品。

图 3　推推购的优势

推推购通过为网红达人提供一整套电商开店服务,解决他们有粉丝、有流量、有影响力但赚不到钱的问题。而网红达人只要下载推推购 App,注册成为网红达人店主,就可以轻松拥有这一切,拥有一个有自己风格的店铺,实现影响力变现。

目前,推推购拥有五大板块:资深吃货、科技潮品、不美不活、居家巧匠和文艺咖,涵盖食品、美妆、3C、箱包、小百货、轻奢等多个大众消费领域。

推推购：电商与斜杠人经济的结合　51

资深吃货　　　　　科技潮品　　　　　不美不活

居家巧匠　　　　　文艺咖

图 4　推推购五大板块

图 5　有个性又好玩的营销工具

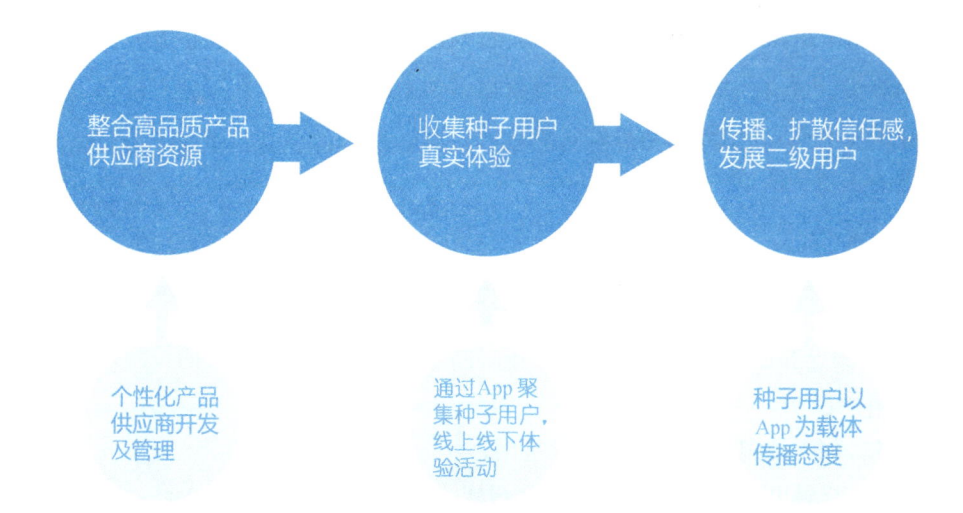

整合高品质产品供应商资源 → 收集种子用户真实体验 → 传播、扩散信任感，发展二级用户

个性化产品供应商开发及管理　　通过App聚集种子用户，线上线下体验活动　　种子用户以App为载体传播态度

图 6　推推购的产业链

推推购为店家提供了很多有个性又好玩的营销工具,帮助网红达人杜绝暴力刷屏、虚假宣传,给他们的粉丝群良好的购物体验。结合网红达人产品的高品质以及推推购自建仓储带来的优秀供应链和优质快速的物流体验,共同形成超强的口碑营销,在帮助他们实现影响力变现的同时,不伤及自己的粉丝群。

图 7 推推购的广告

3 创建过程

2015 年,车林依托电商运营经验和成熟的供应链,带领技术团队研发自有电商平台——手机 App 推推购,成立上海芯果科技有限公司,帮助网红达人等有影响力辐射的人群实现变现,2015 年初获得 300 万元天使投资,目前项目年流水超过 2 000 万元,并且保持高速增长的势头。成立一年多,推推购项目获得多项上海市创业基金奖金支持,公司拥有多项软件技术专利权,并通过高新科技企业认证。

目前的主要团队成员:

车林,公司创始人兼产品总监,连续创业者,毕业于上海财经大学。

2008 年建立上海高校笔记本销售团队,覆盖上海 15 所高校,团队营业额 200 万元,利润 20 万元,个人分得 5 万元,获得创业前的第一桶金;

2009 年创立 In&Out 校园手机报,2 年时间发展成为长三角最大的校园媒体,覆盖 20 万大学生用户;

2011 年,创立校园资讯平台——点星网;

2013 年,接触电商,创立"粮典"品牌,售卖上海特产——上海老六样,年销售额突破 1 000 万元,至今仍为天猫上海特产销量冠军;

2014 年,合伙创立肌肤管家,建立网红和微商渠道;

2015 年,创立"推推购"移动分销平台。

顾小建,公司创始人兼市场总监,连续创业者,毕业于上海财经大学。

2009 年,创立 In&Out 校园手机报,2 年时间发展成为长三角最大的校园媒体,覆盖 20 万大学生用户;

2011 年,创立校园资讯平台——点星网;

2013 年,接触电商,创立"粮典"品牌,售卖上海特产——上海老六样,年销售额突破 1 000 万元,至今仍为天猫上海特产销量冠军;

2014 年,合伙创立肌肤管家,建立网红和微商渠道;

2015 年,创立"推推购"移动分销平台。

林潮新,财务总监,毕业于深圳职业技术学院,深圳潮汕青年商会常委。

2013 年,创立深圳市盛世潮派文化传播有限公司,公司创办第一年利润即超百万元,得到多家媒体报道;

2014 年,创立 X-space 主题酒吧。

蔡彦,技术总监,复旦大学计算机专业硕士。

2010~2012 年,参与上海财大科技园有限公司网络建设,OA 系统实施,ERP 实施;

2012~2014 年,担任上海比孚科技有限公司技术经理,组建了一支数十人的移动开发团队,为可口可乐、汉庭、上海贝尔等知名企业开发多个移动应用;

2015 年至今,上海芯果科技有限公司合伙人,负责技术团队管理及产品实现。

侯保磊,高级架构师,毕业于河南科技大学计算机专业。

曾负责中国太平洋保险寿险 B2C 官网各平台组建、热客电子商务有限公司架构设计、温州市民支付卡系统建设。深耕电子商务、企业管理系统及移动互联网方向。

安家良,首席品牌官。

沪江网前总编,Ying etStevens 当代工作室创始人,品牌和极致生活的倡导者。

郑巧玲,产品研发负责人。

北京大学 1997 届计算机工程专业毕业,恒拓开源创始人,拥有 20 余年技术产品设计和运营经验。

董浩,采购主管。

返利网原采购主管,负责推推购供应链的开发和管理。

4 项目特色

4.1 商业模式

推推购通过批量采购、自建仓库,获得优质低价的产品。强大的产品供应链让推推购能够给网红达人店主做出产品让利，让他们的粉丝群享受到在传统电商平台无法享受到的低廉价格，支持他们分销，让他们将产品推荐给自己的朋友和粉丝时不仅不会伤害关系，还能带来便利和保障。

重要伙伴： 食品厂/贸易商； 美妆厂/贸易商； 3C产品厂/贸易商； 网络红人/达人； 拥有影响力的微商； 天猫、淘宝等电商平台	关键业务： 通过网络红人、达人直播和分销，帮助厂家完成产品销售，提升产品品牌，也帮助有影响力的人群实现收入多元化 核心资源： 推推购App平台； 自有天猫、淘宝、京东店； 20万大学生（手机报）； 众多网红渠道	价值主张： 推推购的价值主张就是聚合高品质的供应商资源，收集种子用户的真实体验，并帮助有影响力的小店家或者网红进行传播，实现商品销售的闭环，让所有人都能轻松开设自己的店铺，实现收入多元化	客户关系： 帮企业实现销售、渠道拓展、品牌知名度提升；帮有影响力的网络红人/达人实现变现 渠道通路： 淘宝/天猫/京东/1号店/建行善融/工行融e购/饿了么/好食期/咔购/拼多多	客户细分： 有网络推广分销需求的食品、美妆、3C智能硬件等企业； 有个人影响力的网络红人、达人
成本结构： 项目研发成本、办公场地成本、技术开发维护成本、仓储物流成本、宣传成本、产品存货成本、运营推广成本			收入来源： 产品销售收入、平台增值服务收入、平台/红人广告收入、资金沉淀带来的利息、投资等收入	

图8　商业模式画布

推推购所有的产品都为正品，拥有完整的授权销售和品牌保障体系，而网红达人更能够为产品提供信誉保障。通过朋友圈或者其他营销渠道进来的客户，在微信中或App中咨询后即可下单，下单完成后由推推购仓库统一打包发货，物流快、体验好，让商家产品能够迅速建立起渠道和口碑，打开市场。

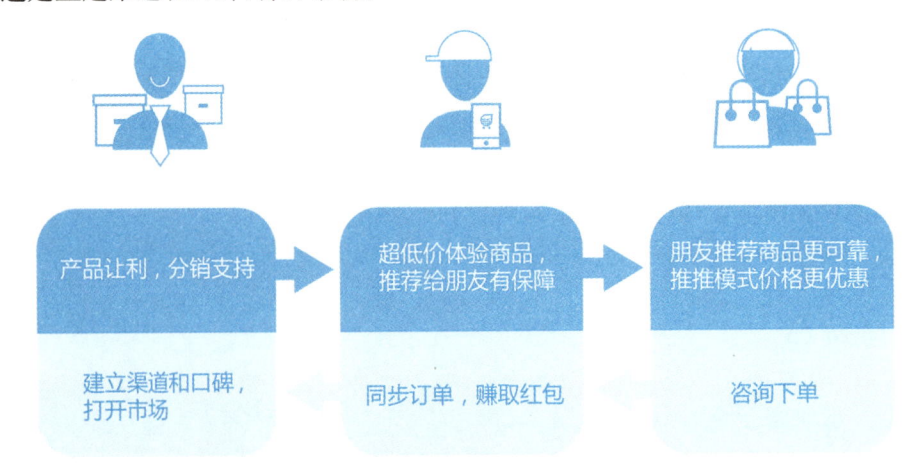

图9　授权销售和品牌保障体系

推推购的盈利模式主要包括以下三种：

（1）平台销售收入CPS，所有在推推购上开店的收入都计入推推购流水收入。

（2）资金沉淀收入，店主平均提现时间为20天左右，这段时间资金沉淀在推推购上，推推购可以获取这段时间资金的利息收益。

（3）广告收入CPC，推推购的营销系统可以作为增值服务让卖家使用。

1 平台销售收入CPS —— 赚取差价

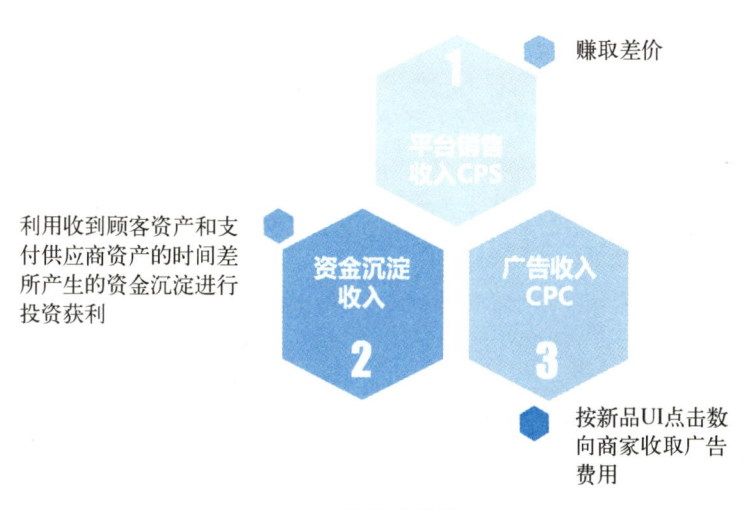

2 资金沉淀收入 —— 利用收到顾客资产和支付供应商资产的时间差所产生的资金沉淀进行投资获利

3 广告收入CPC —— 按新品UI点击数向商家收取广告费用

图10 推推购的收入

4.2 竞争优势

推推购的竞争优势：

（1）客群定位差异化

推推购服务的客群是网红，网红平均的粉丝量都在20万以上，而竞争对手平台的客群影响力比较弱。网红的店铺盈利能力是一般客群的50倍，网红一个月可以赚到2万～5万元，一般客群盈利上限只能做到300～500元。

所以这个生意相对一般客群而言，在网红这块更具黏性。

（2）供应链个性化优势

针对网红进行产品的组合销售、代言销售，推新品或组合礼包能使网红具备价格优势，避免陷入价格战。

个性化的选择和定制可以使网红售卖的商品更具独特性，利润空间也更大。相比其他平台普遍邀请供应商加盟的思维，推推购认为适合分销的单品非常有限，因而坚持个性化的方针。

（3）网红群体优势

互联网平台具备36万网络红人资源，目前已经成功引导1.6万网络红人注册使用推推购开店，相对于其他平台，推推购在这一群体上具备一定的市场优势。推推购App自

	微店转型	平台试水	推推购
货源提供方	入驻微店的小商铺	平台自有货源	精挑细选的口碑货源
发货和质保	小店家发货	平台发货	统一仓储、发货
分析	一堆杂货，用户自己都不信任，如何放心卖给朋友	缺少特色，标准化的商品不适合进行体验营销	以口碑爆棚的美妆、美食、日用品作为切入口，App营销手段更有个性、好玩
结论	动销率极低	动销率极低	动销率高

图 11　竞争对手的优势

微店服务商转型

有赞微小店

优势：口袋通积累了很多微店商家用户，移动端产品和技术经验丰富
劣势：货源多且杂，供应链控制力弱，用户月销售额极低

萌店

优势：微盟开发，项目方资金充裕，用钱砸市场砸得很猛，App用户基数大
劣势：产品逻辑复杂，用户留存率极低，产品和市场本末倒置

平台的移动分销试水

拍拍小店

优势：京东开发，商品多为京东自营，具备品牌优势，物流体系成熟
劣势：京东多数自营产品并不适合通过社交渠道进行分销

唯享客

优势：唯品会开发，商品来自唯品会，具备品牌优势，物流体系成熟
劣势：缺乏配套的营销策略，用户知晓度低

图 12　客群定位差异化

推推购：电商与斜杠人经济的结合

合作供应商有：
大疆科技，富士康，E店宝，走秀网，
唯品会，知美药妆，考拉海淘，海淘乐

支持分销的商品SKU有**46万**个

图 13　合作供应商

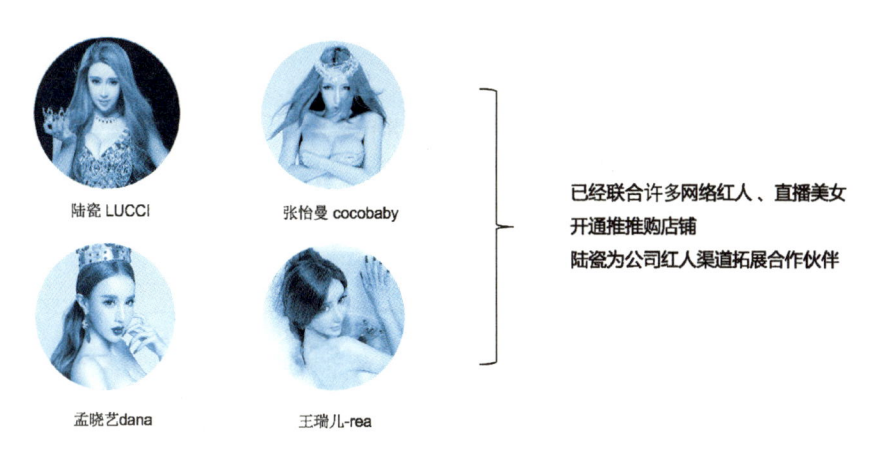

已经联合许多网络红人、直播美女
开通推推购店铺
陆瓷为公司红人渠道拓展合作伙伴

图 14　网红群体优势

2015年9月份上线以来，有超过3.6万名网红注册成为推推购店主，通过社交平台、直播平台售卖自己选择的单品。2016年4月份，App月出货量突破10万单，客单价超过80元。

（4）营销推广渠道优势

公司早期运营的In&Out校园手机报，累计覆盖长三角60所高校、20余万名大学生，每天推送给学生本校的校园热点信息，同时也会推荐给学生一些产品和服务。手机报项目从2008年一直运营至今，这段经历让创始团队了解到哪些产品更为适合自媒体渠道。

另外，推推购在高校推广渠道方面具备很大的优势，在全国500多所高校建有联络点和递推团队，曾协助唱吧、先花花等一些App完成对校园市场的策划和推广工作。推推购市场主管之前是"微商吧"创始人，"微商吧"是微商最为活跃的百度贴吧，有300万的微商受众人群。

不同类型院校人数占比情况

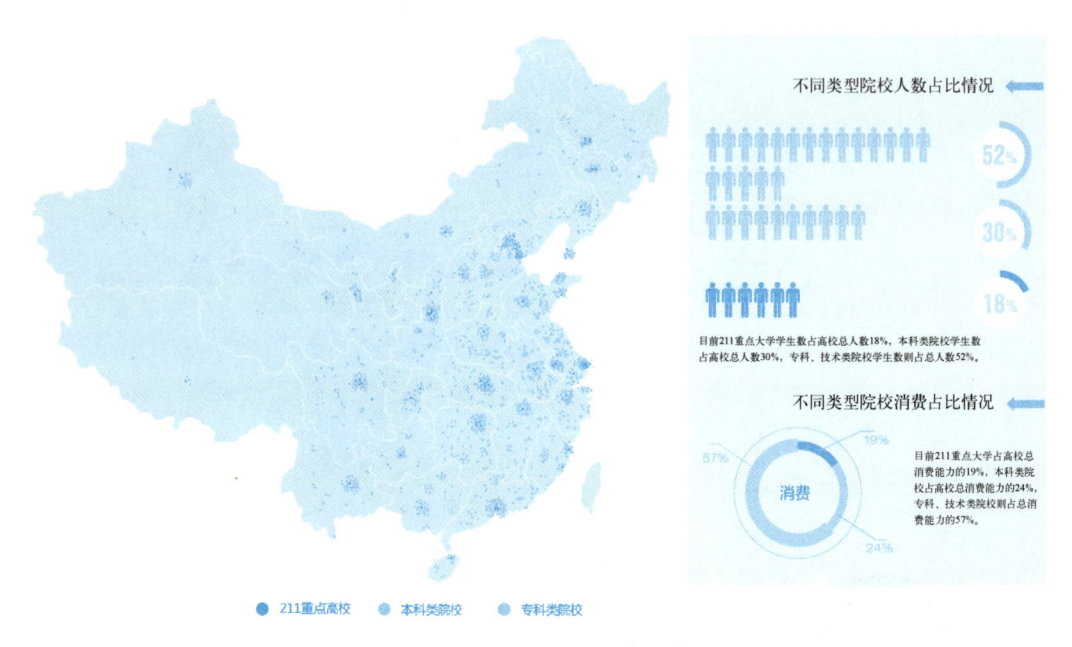

52%
30%
18%

目前211重点大学学生数占高校总人数18%，本科类院校学生数占高校总人数30%，专科、技术类院校学生数则占总人数52%。

不同类型院校消费占比情况

19%
57%
24%

消费

目前211重点大学占高校总消费能力的19%，本科类院校占高校总消费能力的24%，专科、技术类院校则占总消费能力的57%。

● 211重点高校　● 本科类院校　● 专科类院校

图15　高校推广渠道的优势

5　案例点评

推推购项目的优势在于两方面：一是项目本身的适时性，二是商业模式的创新性。

首先，好的商业机会必须在机会之窗存在的期间被实施，机会之窗就是指商业想法推广到市场上所花的时间，即时机。若竞争者已经有了同样的想法，并把产品推向市场，那么机会之窗就关闭了。在互联网飞速发展、消费者养成网上购物习惯、网红经济发展势头迅猛的背景下，推推购从解决网络红人影响力变现问题入手，适时地推出了能够解决网络红人开店一站式需求的推推购App。推推购项目的适时性正是体现在其抓住了机会窗口，在机会窗口早期就已经下手，建立了市场领先优势。

其次，商业模式创新有助于提高创业成功率，很多创业失败的原因并不是创业者工作不努力或机会不好，而是创业者没能在用心挖掘机会的过程中对创业活动进行协调，没能把握好创业机会的内在经济逻辑。推推购在抓住了市场机会的同时，更重要的是建立了有效的、创新的商业模式，从根本上保障了项目能存活。网红通过下载并注册推推购App，选择App中的"货源"选项，能将App提供的货源按照自己的需要或者偏好添加到商店里，并同时在一定的范围内为每件商品设置佣金。这里的"货源"所代表的角色是现实生活中的供应商，此时就可以形成与自身特点相符的独特小店。网红可以将小店转发至微博、微信朋友圈等，利用其自身庞大的粉丝群将产品销售出去，完成网红的影响力变现。就推推购App为店主准备了个性化货源并在一定的范围内自行设置佣金而言，在国内的众多购物App中尚属首例，具有一定的创新性，同时保证了货源的真实性和安全性。推推购通过批量采购、自建仓库、获得优质低价的产品以及强大的产品供应链，实现对网红达人店主的产品让利，还能为粉丝带来便利和保障。

但是，传统电商平台也能通过批量采购、自建仓库从而获得优质低价的产品，并且传统电商平台因规模经济使得其价格折扣优势会更明显。那么推推购如何做到保证企业利润的同时又让利网红达人，并且使得价格还是有竞争优势的呢？公司"强大的产品供应链"是如何提供保障的？这些问题还有待公司在运营中解决。

此外，创始人团队应深入思考推推购未来的市场定位到底是针对生活圈达人和网络红人开店并销售产品的App，还是类似"唯品会"、"考拉海淘"的App。同时，也要明确个性化选择的标准以及在竞争中保持个性化的方式。

【服务+IT】

库米科技拥抱"服务+"

1　创始人简介

王华杰： 库米科技创始人，上海财经大学自然语言处理在读博士，创业学院匡时班二期学员，山东财经大学在编计算机教师，拥有14年的IT从业经验，先后创立云微科技与库米科技，涉及领域涵盖IT外包项目承做、创业公司CTO计算机核心技能教育培训、创业公司低成本开发解决方案套件。王华杰已跳出了传统程序员的自我定位，用自己的技术能力来服务、帮助、指导更多的公司发挥自身的优势和潜能。

随着信息技术的爆发、互联网时代的到来，计算机信息技术被越来越广泛地应用于商业中的各个方面。在绝大多数创业公司中，IT人才都是一个非常稀缺而核心的角色，互联网公司一方面苦于找不到合适的IT人才，另一方面又担心引进的IT人才不能很好地与公司的愿景、目标、文化契合。在特定的时代浪潮中，掌握计算机技术的IT精英们是当代最受青睐的人才对象之一。

作为山东财经大学在编的计算机教师和一位对计算机技术近乎狂热的技术精英，在创业之前，王华杰已经拥有14年的IT方面从业经验，指导出了一大批非常优秀的学生，在校内也得到学生和同事们的认可。在"大众创业、万众创新"的浪潮中，他原本有非常多的选择和机会,完全可以轻轻松松地利用自己过硬的技术在优秀的创业公司中谋得一个相对轻松的 CTO 一类的角色,但不甘于现状的他选择了一条挑战更大的路:他自己带领团队组建公司,做公司的掌舵人而不是二把手。在工作上,他对技术和管理全部自己一手抓,这是一项压力大得多的工作,但王华杰成功地平衡了二者的关系,并且跳出了传统程序员的自我定位,以更加客观的立场重新审视自身的优势,用自己的技术能力来服务、帮助、指导更多的公司发挥自身的优势和潜能,提供更优质的服务,为整个时代贡献自己的力量。

2013 年因为偶然原因踏上创业之路的王华杰或许想象不到,短短几年时间,自己的公司就能够获得这么重大的突破性进展。这几年来,他的坚持与努力有目共睹,他对待技术专注而严谨的态度为他赢得了口碑。他在关键时期坚定沉着地进行转型与对"服务+"这一战略性概念的应用也值得创业者们学习、借鉴。

2 项目概述

云微科技与库米科技是上海财经大学信息管理与工程学院 2015 级博士生、创业学院匡时班二期学员王华杰的创业项目。项目的主要内容是 IT 外包项目承做、创业公司 CTO 计算机核心技能教育培训、创业公司低成本开发解决方案套件。看似分散的三个业务背后是一个逻辑严密的商业闭环,使得公司能够将自身优势、外部合作资源充分利用,在拥有强大自我造血功能的同时,也能够稳定地实现业务维持与盈利。

3 创业过程

3.1 创业之初的筚路蓝缕

"我创业的初衷没有那么高大上,不是想改变什么,仅仅是因为钱的原因。所以我的创业没有改变社会,仅仅是改变了我个人。"回顾自己创业的初衷,王华杰的态度非常坦诚与平和。作为高校里面令人尊敬的计算机教师,享有令人羡慕的轻松工作环境和不错的薪水,原本王华杰并没有太多的动机来驱使他跳出"舒适区"进行创业。那时候经常会有公司带着项目慕名而来,想要用丰厚的报酬邀请王华杰帮助企业解决他们的 IT 问题,王华杰都拒绝了。

刚刚决定创业时,王华杰刚刚拒绝了一个企业的项目邀请,但由于一些原因,经历了长久的心理斗争之后,他毅然下定决心,找到原先的客户,接下了业务。这是王华杰承做的第一单业务,从此他便踏上了用自己的 IT 技术为公司解决外包技术难题之路。最初王华杰一直是一个人独自处理所有的工作,但沉重的工作负担使他渐渐有些力不从心,于是他便找来了自己的得意门生,一起组建了最初的工作室。作为老师的王华杰并没有无偿榨取学生劳动力的想法,相反,仗义的他每次基本上都会分出一半的费用给自己的学生,这样的举动无疑大大地感动了他的学生。跟了王华杰最久的那位学生,与王华杰相识了7年,在王华杰手下做了3年,他深深折服于自己老师的人格魅力与技术能力,主动提出要和王华杰一起创建公司,两人共同创立了云微科技公司,这便是王华杰创业的起点。

刚开始的时候,一切都很困难。两个人在学校附近租了阁楼,一个月1500元的房租,条件极其艰苦。阁楼无法安装空调,一到夏天就非常闷热,王华杰便买了空调扇,并且不断洒水降温,也一路这样撑了过来。倒不是租不起条件更好的地方,但是在决心创业之后,王华杰便有了对创业的觉悟,一切从简,宁愿条件艰苦些,成本能控制则控制。这样的精神一直延续到了现在,即使目前王华杰的公司已经小有规模了,但是当把公司业务拓展到上海时,王华杰依然抱着从零开始的心态来做上海的市场:上海办公室的环境依然是非常简陋的——没有窗户,只有一张沙发床。"这就是创业的姿态。"对于条件的艰苦和困难,王华杰从来都是坦然承认,毫不避讳。

随着时间的推移,王华杰的团队做了越来越多的项目,其中不少是相当成功的,并且有技术相当复杂的明星项目。2014年的"大众创业、万众创新"浪潮也给公司带来了不少的机遇:国家支持创业,特别是对于技术人员的创业有力度非常大的优惠政策。

王华杰将当时的这些成功归因于对技术和业务的专注。作为一家承接外包IT项目的公司,公司在挑选项目时相当谨慎,有自己的一套标准。他认为公司承做的项目必须有一定的壁垒和难度,这样团队做了项目后就可以竖立公司的标杆,在未来向其他客户宣传。这类有壁垒的项目,哪怕是赔钱公司也会努力去做。而项目技术性较低、属性同质化、市场竞争比较激烈的项目,公司会比较谨慎,即使承做这类项目的难度要远远比前者小,而这类项目由于竞争的关系,利润也会被相对压低。技术难度和压力使得团队不断学习、不断前进。正是因为对于项目技术难度的筛选要求挑剔,王华杰的团队形成了属于自己的技术壁垒,也逐渐形成了自己团队的口碑,在济南一带形成了一定影响力。

在获得初步的成功之后,王华杰开始考虑把业务从山东拓展到上海,毕竟作为全国的经济枢纽,上海蕴藏的机会无疑要比山东多得多。

3.2 曲折的项目融资过程

随着王华杰来到上海财经大学信息学院进行博士学位的攻读,他的活动范围也从济南扩大到了上海。带着云微科技的业务,在上海这片热土上,全新的机会、更加广阔的平台如同画卷一般在王华杰面前徐徐展开。在这个阶段,公司也开始逐渐地接触融资事宜。

最初王华杰和他的创业团队并没有仔细考虑过融资,因为自身的IT外包业务是一个能够带来相对健康的现金流的业务,即使不融资,公司也能活得比较滋润,并且公司实际上对资金需求量并不大。但是在2015年年底,由于一个偶然的机会,王华杰在朋友的介绍下与投资人有了接触,抱着随意聊一聊的态度,双方坐下来谈了一下关于融资事宜。虽然最初王华杰倾向于利用公司自身业务比较强的造血功能进行持续造血,认为不是很有必要出让股权来获取资金,但是和投资人敞开心扉的交谈使得王华杰最终改变了自己的想法,双方初步达成了投资 100 万元、出让 10% 公司股权的协议。然而又过了不久，投资人找到王华杰，告诉他团队经过反复探讨和研究后决定只投资 50 万元人民币，并且仍然索取 10% 的股权。王华杰有些不能接受，考虑到暂时没有资金上的缺口，融资事宜便暂时被搁置了。

王华杰本以为公司融资的事情到此便告一段落了，但是之后一系列对资本市场的观察以及和身边创业者、投资人的交流，让他开始逐渐有了新的考虑。当时正值 2015 年年底，疯狂了一年的股市已经走到了尽头，萧条的二级市场给整个经济环境都蒙上了一层惨淡的阴影，而美联储加息造成全球经济的新一轮震荡，对国内市场也逐渐有了资本寒冬的预测。一般而言，从二级市场到一级市场会有一个 9 个月到 1 年的传导期，根据规律，国内的资本寒冬不久就会到来。当市场整体萧条的时候，企业往往很难独善其身。如果继续拖下去，或许在未来，公司的融资会越来越困难，这时候，如果遇上什么意外，或者是恶性"黑天鹅事件"给市场造成比较大的打击，公司将会面临比较高的风险。

出于保险考虑，王华杰决定还是应该以稳妥为重，尽早拿下这笔"过冬"的经费，确保公司不会在资本寒冬到来的时候遭遇太大的危机。于是他重新找到了投资人，双方签署了投资协议，王华杰的公司获得了 50 万元人民币的天使投资，出让 10% 的股权，公司估值为 500 万元人民币。

事后证明王华杰的判断是敏锐而正确的。随着时间的推移，资本寒冬确实如期而至，整个市场环境一片萧条，公司的客户也纷纷遇到了经营上的困难。在整体环境低迷的情况下，公司的业务也相应受到了影响，资金流一度遭遇比较大的压力；同时，后续的业务转型也对公司的资金储备有了较大的要求。所幸在资本寒冬到来之前公司便已完成了一轮融资，并且一直以比较谨慎的态度保存着这笔资金，没有轻易动用，因此在整个寒冬中，当周围的创业企业纷纷遇到资金上的压力时，王华杰的公司还能以一种比较从容的姿态进行市场扩张、业务拓展以及业务转型。当竞争者们都停滞不前的时候，公司还能够稳步拓展业务，这无疑为公司带来了比较大的竞争优势。

3.3　公司的业务拓展与转型

原本公司立足于济南，影响力的辐射范围局限于山东，但现在，当公司拓展到上海市场后，便有了将影响力辐射至全国的底气。但王华杰内心还是非常清楚成本把控的重要性，因此公司的主力开发团队留在了经营成本相对较低的济南。互联网时代，团队跨时空协作与沟通变得无比容易，创业成本也得到了很大程度的节省。

在上海，王华杰说服了昔日的高中同窗，使得那位同学辞去了工作加入王华杰的公司，与王华杰一同开拓上海的业务。能够说服老同学放弃原先稳定的工作加入自己的团队一起来创业，这是王华杰在创业之初也没有想到过的。随着一步步的积累与发展，现在王华杰的公司也已经成长为一家相对比较成功、有自己的技术壁垒的公司，能够吸引更多优秀的人才加入其中。这也是对王华杰前一个阶段不懈努力的一个肯定。

然而，仅仅止步于此，显然已经不能让王华杰感到满意。上海财经大学是国内最顶尖的财经类院校,在这里进修博士学位,每天耳濡目染着对各种最前沿的商业模式的研讨与分析,王华杰也开始重新思考公司当前定位的缺陷与下一个增长点。在这个过程中,匡时班的横空出世无疑给了王华杰一个非常大的帮助与启示。

匡时班是上海财经大学创业学院推出的一个针对有志于创业的财大学生、校友的创业集训营,以高质量的课程及导师资源闻名于华东地区的创业教育界。以财大"厚德博学,经济匡时"的校训来命名的财大匡时班寄托着学校对于创业者们的厚望。上海财经大学的创业学院成立于2015年,短短一年时间就已经取得了长足发展,成为上海地区高校创业教育的一面旗帜,而匡时班更是创业学院倾学院乃至学校之力精心打造的创业教育品牌,汇聚了非常精华的教学资源与行业资源。在匡时班进修的3周里,王华杰与导师们进行了深入的交流,他参照着课程反复复盘,思考着原先的商业模式存在的缺陷。多年的从业经验加上在匡时班中学习的收获让他终于能够明确项目存在的不足:作为一家IT业务外包公司,自己的公司确实能够在每做完一单业务后获取不错的收益,但是这种做一单业务结一次账的模式是不能持续的,一单一单结账的形式使得公司的利润来源断断续续,盈利能力的上限低而且容易受到行情的严重影响。同时,这种拉业务、做业务的模式非常依赖"人",使得公司注定是规模不经济的。随着公司规模的扩大、承接业务的增多,实际成本中的大头,也就是员工的工资并不会随之降低,因此利润比例固定使得公司难以迎来一次爆发性的增长,这也就意味着公司注定无法做大。

如果是几年前刚刚踏入创业领域的王华杰,或许会满足于这种小而精的小作坊式的创业。但是现在的王华杰在经历了创业的浪潮、经历了资本的寒冬、经历了创业学院与匡时班的学习之后,显然已经把视线投向了更加广阔的市场。王华杰意识到,自己应该做的是打造一款高质量的产品,一款真正是由公司自主研发的产品,一款能够不断迭代、服务更多人,并且能给公司持续带来超额收益的产品。

最终促成项目转型的是两个契机。

契机之一是创业学院提出的"服务+"概念。这个概念成功地帮助上海财经大学绝大多数没有核心技术优势的创业团队实现了自身的定位。那么,对于拥有技术优势的王华杰团队而言,"服务+"理念是否同样有效呢?王华杰想到,原先自己公司的业务是服务企业,帮助他们解决一个个的IT问题,每一单IT业务的服务费是不低的,而且受众相对较少,因为并不是所有的公司都有类似的需求,也不是所有的公司都有那么强的外包IT业务的意愿。有没有可能扩大自己的服务范围和对象呢?如果能够使服务的受众群体范围更大的话,那么公司的收入来源会更加广泛,盈利能力也就会更强。

在"大众创业、万众创新"的年代里,有这么一个群体是最活跃的,也是消费潜力最大的,那就是不断涌现的创业公司。当所有的人都在狂热地思考如何创业、如何紧随风口、如何在时代浪潮中淘金的时候,这些创业者本身其实就成为最精准的客户群体,也是最需要服务的客户群体。有没有可能更好地服务这些创业公司呢?如果能够有这么一款产品来满足他们的需求,那么这样的商业模式就有可能获得非常高的回报。如果真的能够实现这一步，公司也就能够彻底跳出原先的程序员思维，从一个更加新颖的角度来定位自身，这也便称得上是真正的"服务+"思维。

促使公司转型的契机之二是王华杰了解到自己离开学校后学生们就业的情况。原先在山东财经大学的时候，王华杰会带着手下技术能力比较优秀的学生们一起做一些实践项目，这是一个寓教于学的过程。"传统的计算机教育已经和实际应用有些脱节，单纯依靠课堂是很难培养出IT实业人才的。"这是王华杰对于以往的计算机教学模式的反思。15年的教育经验使得他对于IT教育的理解愈发深刻，他意识到，高等教育在IT专业设置上更多强调理论基础，忽视实践环节，导致很多同学在起跑线上摔倒后受挫，从而错过了发展的黄金时段。在王华杰带领学生做项目的过程中，他提供给学生们的是一种匠人精神，具体来说就是师傅对徒弟的细致指导过程，在这样的过程中，让学生们自己去解决实际技术难题和挑战，同时也会给他们在大方向上进行把控。在将所学知识运用到实战的过程中，学生们进一步认识到自己原先技术框架的缺陷，能够在老师的带领下有目的性地补缺补漏，完善自己的技术能力和知识体系。正是由于这样日复一日的实战训练，王华杰带出的学生技术能力都很过硬，不少学生拿到了BAT的offer，这对于山东财经大学而言无疑是非常好的成绩，王华杰也成为山东财经大学高端就业的标杆名师。

但是，这种额外的辅导纯粹是一种无偿的行为，王华杰并不会因此而获得额外的回报。一边是学生们从王华杰的实习辅导中获得了自我核心竞争力的提升，另一边是课后还在为学生们的成长呕心沥血，却得不到任何回报。这种情况似乎有些不公平，时间一长，王华杰的积极性也受到了挫伤。

离开山东财经大学后，王华杰的课外实习辅导也终止了。终止课外实训的负面影响很快便显现出来：这一届的山东财经大学学生的高端就业情况明显不如往年，更没有人拿到BAT的offer。这件事情一方面证明了王华杰的课外辅导对学生们的成长与求职带来的重大帮助作用，另一方面也使得王华杰开始思考，既然这样的实训对于学生而言是有非常大价值的，那么，如何能够让这样的辅导更加可持续且高质量地办下去呢？

如果你为他人创造了价值，你就有理由获得属于你的回报。王华杰开始思考能否将这样的辅导市场化——只有市场化，才能够保证授课的人有动力持续地贡献出有价值的内容，并且持续地进行教研从而开发出更加精品化的课程，使得听课者能够从中获得更大收获。也只有市场化，才能使得听课的学生们真正重视这些课程，以更加认真的态度去对待、去学习，从而获得更大的锻炼。相对于学生们的提升与受益而言，为实训课程付学费完全是合理的。这是一个双赢的局面。

王华杰进一步想到，自己拥有多年的计算机教学和项目实战经验，教学的成果也得到了市场的检验。在教育领域，王华杰拥有得天独厚的优势。掌握高端计算机技能的技术大牛未必能够循循善诱地辅导学生，精通教学技巧的计算机教师未必拥有实战的经验，但是对于王华杰而言，自己两个条件能同时满足！并且如果真正开设计算机方向的培训课程的话，基于第一点考虑，自己的公司便能够服务范围更大的人群，不但为社会创造更多价值,也为自己的公司打开了全新的局面。

在"大众创业、万众创新"的年代,几乎每一家公司都需要IT方面的信息技术人才。但是在市场狂热追捧的情况下,获取一个好的IT人才成本之高令人咂舌,即使是招募到了IT人才,也未必能够符合公司发展过程中的各种技术需要。所以创业公司不仅仅需要技术精英,更需要能够融入公司文化、技能上能够符合公司发展需求的合适的技术精英。创业公司专注于客户群体的痛点,但这批创业公司同样是亟须服务的对象,他们的痛点却乏人关注。

更何况,如果仅仅是单纯做计算机方面的培训,市场上在做同样事情的机构其实已经很多了,王华杰自知自己的公司很难构建核心壁垒。但如果进一步细分呢?如果是做创业公司技术骨干与CTO的专业培训,那么产品的差异化一下子就能够实现。这部分创业公司的技术骨干的技术水平相对较高,他们需要的技术也相对专精,并不是所有的培训机构随便请几个老师设计一些课程就能够满足的。这样做了精准的市场细分,公司的战略壁垒就开始逐渐形成。再进一步想,这些创业公司其实也有比较强烈的需求来投资自己的技术骨干,他们的付费意愿相对较高,付费能力也相对较强,这样的客户群体是真正有高价值的。

这是一个教育行业集体爆发的年代,线上线下的各种教育手段都不断推陈出新,各种创业公司都在争相抢占教育市场。有了前人栽树,跟在这波浪潮后面的王华杰在掌握了核心的课程资源之后,也有了乘凉的底气。他决心全力推进这个教育项目,起名为"库米"。王华杰和合伙人们在上海注册了库米科技有限公司。

但是,如果仅仅是这样,还是不够的。学生的培训总是一期一期地开设,每期课程结束后,学生与公司就不再有关联。如果不能够把学生们变成回头客的话,那么获客成本就会持续增加。这是大部分教育类创业公司的通病,即使是已经成功登陆美股的专注于在线英语教育的无忧英语(51Talk)也没能解决这个问题。有没有可能提供精心设计过的服务,让自己的学员成为长期的客户呢?

在之前承接外包业务的过程中,王华杰发现,在针对初创公司的大部分外包服务中,其实公司已经开发出了一套低成本的解决方案。这套方案之前在公司内部广泛应用,长期以来无数次帮助公司大大提升了业务效率。原本这样的解决方案应该作为核心机密严格地保护起来,但现在,王华杰觉得可以以此为基础开发出一个平台,将这一套解决方案与课程打包一并提供给初创公司。如果这一个目标可以实现的话,那么公司不但能够更好地服务更多的初创企业,而且能解决客户留存率低、规模不经济等问题——只要根据这套解决方案设计出一套开发套件,并且在课程中教会学生们使用这个套件,在未来,学员们就能够用低成本的方式开发创业公司所需要的App、微信端以及网页,并且能够持续地进行迭代。同时,由于背后有公司提供技术支撑以及通过源源不断的外包项目积累起来的实战经验,王华杰的团队能够不断地优化这套解决方案,从而持续迭代产品,提供更优质的服务。这样,库米不但能够提供给学员们高价值的培训,还能够留住他们,使他们成为公司的长期客户,形成商业闭环。

就这样，王华杰在上海注册了库米信息科技有限公司，开始着手主导公司的战略方向转型。

3.4 初版产品的生成与迭代

库米 IT 技术课程的推出是伴随着教育创业浪潮的兴起而实现的，这也意味着库米能够在前人栽树的前提条件下获得不少合作资源。库米的第一个合作伙伴就是蚂蚁计划创客项目。

王华杰和蚂蚁计划的负责人张相廷是一个足球队的朋友，两个人闲暇聊天时偶然谈到了王华杰的 IT 人才培训计划。常年专注教育创业孵化领域的张相廷曾经参与孵化过不少教育类精品项目，他很敏锐地察觉到了这个项目的潜力，因此两人一拍即合，达成了合作。双方决定共同合作探索高等教育和 IT 实务的结合模式。

2016 年 7 月 15 日，库米科技和蚂蚁计划共同推出了为期一个月的 IT 实训课程"库米蚂蚁 CTO 实训营"，这是库米科技推出的第一个实训营课程，象征着库米课程体系的初步形成。实训营出于教学质量的考虑，经过非常严格的筛选考核，最终只招收了 15 名学员。让这些学生们不远千里来到上海参与培训，王华杰也有自己的考虑：来到上海攻读博士的他在短短一年时间里深刻感受到了国内一线互联网的最新动向与脉搏，他觉得，如果能够让学生们来到上海，定能拓宽他们的视野，使他们能获得更多的机会、资源，对他们未来的职业生涯发展大有益处。

为了让学员们从课程中获得更大进步，王华杰不仅仅在实训营中以授课的形式教给学生们技术，更是征得客户的同意，把之前做过的实际项目进行调整后作为实战作业布置给学员们。实训营全程接近真实，打造超高强度实训环境，给学员们带来了不小的挑战。实训营每天都有 3 个小时的课程，同时在沪江网、龙珠直播等平台同步直播。除了上述课程以外，其余课程都是项目实训。实训营的第一周是前端工程师技术实训，第二周是后端工程师技术实训，第三周是项目优化调整实训，第四周则完全是整套实训。整个实训的过程中，王华杰都在不断地把控进程与难度，他告诉自己必须做一个挑剔的甲方或者项目经理，不断地探测并且挑战同学们的压力阈值。实训时间最初是早晨 9 点到晚上 9 点，周末没有休息，到了后期，学员们在深刻地感受到课程给自己带来的帮助后主动要求提高强度，把实训的时间调整成了早晨 8 点到晚上 10 点。同学们在整个实训过程中经历了不小的挑战，不少学员都表示承受了很大的压力，但这个过程对学员们来说，也带来了脱胎换骨般的蜕变。在这期间，沪江网的蚂蚁计划为课程提供了免费的场地和企业采访的机会，对于学员们开阔视野也有不少的帮助。

对王华杰来说，这次实训营不仅仅是库米推出的第一个实训营，也是一次对课程的试错与打磨。在课程中，教学团队不断地观察学员们的表现，根据学员们的接受程度来调整课程难度、完善课程框架。更加令人感到欣喜的是，王华杰的教学成果得到了学员与业界的认可，有不少创业公司对这个课程表现出了很大的兴趣，提出希望和库米签约，吸纳经历过库米实训营锤炼的精英人才进入自己的企业。同时,这次实训营也帮助库米形成了不俗的口碑,在上海和山东地区反响巨大。

越来越多的学生提出希望能够来到上海参与库米的实训营,但是教学资源、场地都是有限的,为了保证教学的质量,库米显然没办法满足所有人的需求。这个时候,王华杰想到了借助在线教育的东风,把库米的课程搬到互联网上授课。

有了第一次实训营的成功,很顺利地库米与博览网也达成了合作。

博览网是国内较为成功的、专注于高端IT培训网络课程的网站,上面聚集了大量的IT学习者。库米提供的是更加细分的初创公司CTO培训,与博览网现有的课程刚好形成互补。二者一拍即合,9月15日在博览网的热课频道推出了库米的CTO技能培训课程。录播好的课程能够不断地重复播放,既能为公司带来现金流,同时又能够跨越时间与空间的限制给更多需要提升自身IT能力的创业公司技术骨干、学生们提供服务。预计这又会提高库米的创业成功率。

目前,库米的成功已经引起了不少创业公司的兴趣。随着签约合作的公司越来越多,库米能够给自己的学员提供工作机会,并且保障学员们在进修了一定学时的课程之后获得底薪12万元以上的工作。这些一条龙式的配套服务在给学员们带来更加全面的提升的同时,也服务了初创企业,在未来必然能够为公司吸引更多的客户、更多的业务。库米公司以自己独特的方式为这个万众创新的时代贡献了自己的力量。

4　项目特色

重要伙伴: 创业公司伙伴、高校伙伴、经历过公司培训的学员伙伴	关键业务: 创业公司CTO集训营、创业公司IT外包业务承做	价值主张: 为创业公司、传统企业提供高质量一条龙IT服务,并且提供技术骨干培训服务、低成本IT解决方案套件,全方位服务有计算机方面需求的企业客户	客户关系: 与创业公司建立外包业务合作关系、技术人才培养输送关系	目标客户: 有IT方面需求的创业公司、传统企业,有提升自我能力需求的计算机专业学生、创业公司技术骨干
	核心资源: 强大的技术团队、丰富的IT项目案例库、有多年执教经验的教师团队、与创业公司深度开展的保证就业的合作		渠道通路: 高校渠道、沪江网、博览网等教育平台渠道、创业公司合作渠道	

成本结构: 项目研发成本、课程研发成本、办公场地成本、宣传成本、师资成本、BD成本、公关成本	收入来源: 外包项目承做收入、课程培训收入、库米Studio开发套件出售收入

图1　商业模式画布

王华杰创办的两家公司——云微科技与库米科技——都是"服务+"模式的很好典范，库米科技的创立更是进一步象征着王华杰在"服务+"领域探索出了属于自己的独特战略之路。作为掌握核心IT技术的人才，王华杰没有被自己的身份所限制，把自己定位成一个单纯的程序员，而是以服务者的角度来审视自己的能力与市场的需求，用自己的专业特长来服务创业公司与创业者，为他们提供顶尖的信息技术外包、信息技术培训、信息技术解决方案套件等完整的一条龙服务。在"大众创业、万众创新"的时代，人们总是想着如何去解决客户群体的痛点，但是很少有人意识到创业者本身也存在着很多需要解决的痛点——有时候，转换思路去服务这个人群，同样能够解决很大的社会需求，并且获得较好的收益。

　　从一开始的技术外包出发，随着业务的一步一步拓展，整个企业的战略也一步一步延伸，逐步形成了一个完整的有协同作用和强大自我造血功能的闭环。

　　首先，云微科技通过承接客户外包的IT业务积累了大量的项目经验和实用解决方案，这些项目不但能够给公司带来健康的现金流、攻克项目中技术难点的经验，还能够作为案例教给库米CTO课程实训营的学员们进行实操，成为库米IT课程库中宝贵的案例资源，大量的实战案例也构成了库米教育项目的一道壁垒。

　　其次，由于承接IT外包项目这一业务自身的特点，公司没有办法保证能够有持续的项目来支撑公司的盈利，而IT课程却能满足这一需求。库米的IT课程分为两类：一类是线下以实训营形式举办的高强度封闭式课程，通过引入实战项目让学生在体验高仿真开发环境的压力下激发自身的潜能。这类实训营持续时间一般在一个月，课堂规模小而精，保证了相对集中与强度，并且能够与企业签约，保证学员的就业。另一类课程是以在线课程的形式呈现的，这类课程的优势在于一次录播可以反复播放，受众范围能够跨越时间和空间的限制，边际成本无限小，并且由于互联网的传播性，能够以比较高效的方式为公司积累起口碑。不得不提的是，由于前期在承接外包业务的时候，王华杰的公司已经和客户公司建立了比较好的关系，因此学员们学习的成果也受到了这些公司的认可，学员最后的去向能够有充分的保障。这些学员进入创业公司后，又能够进一步给公司带来新的外包业务，这是一个不断正反馈的循环，为企业构建了比较稳固的"护城河"。做IT培训的机构有很多，随着互联网时代的兴起，这个细分市场也逐渐开始冒出了越来越多的玩家，但是像王华杰团队这样拥有服务初创公司的实战经验、了解创业者需求并且有能力给他们提供服务的企业是很少的。所以他们选择的创业公司CTO培训这个更加细分的市场，能够给他们在这个群雄逐鹿的市场中创造出有利的发展空间与竞争优势。

　　最后，基于之前大量的外包业务，王华杰的技术团队也开发出了一套完整的针对创业公司的低成本解决方案，将这套方案打包设计成开发套件"库米Studio"后就可以由创业公司反复付费使用，源源不断地为库米公司带来现金流。这其中最关键的环节在于，库米科技能够在IT授课的时候教授学生使用"库米Studio"，将学生转换为公司的长期客户，使客户生命周期得到进一步延长。这样的投入基本带来的就是净收益，并且"库米Studio"也确确实实能够帮助初创公司低成本地解决 App、微信、网页等的设计,在服务客户的同时为客户创造价值。有一部分创业公司会因为需要使用库米的开发套件而购买库米的课程,这就形成了双向闭环。

立足于"服务+",王华杰的公司跳出了普通技术人员的格局,用更大的情怀、更极致的专注把自己打造成创业时代的 IT 传道者,以服务更多人群的愿景来一步步完善自己的创业蓝图。创业公司选择服务的人群往往决定了它的上限,在万众创业的年代里,选择服务创业者无疑是最明智也是最能够为社会带来正面影响的决定。在这个全民创业的时代,源源不断的创业者、不断涌现的创业公司以及这些公司对技术的永恒需求,为云微科技和库米科技创造出了庞大的市场空间,源源不断的需求使得王华杰的公司既可保持小而精的模式,也可以尝试进行扩张,进可攻,退可守。王华杰的公司最终没有局限在一单一单承接外包业务这种格局较低的工作室模式上,他们通过创造出标准化的产品来降低成本、延伸企业盈利的生命线,为企业创造出能够持续稳定盈利的格局,并且通过战略性的转型与布局,使得云微科技与库米科技一表一里互相联动,实现了公司业务线条的闭环。很强的造血能力使得公司即使遇到资本寒冬也能够从容地存活下去。

5 案例点评

库米科技项目有着明显的优势和劣势,优势在于创始人及团队的专业技术背景,而劣势在于商业模式的传统性。

首先,库米科技项目属于典型的科技创业,即创始人及团队以自身技术优势为基础进行产品开发和创新。库米科技创始人王华杰及其团队主要成员都具有专业的 IT 技术,其产品开发也完全建立在自身技术基础之上,这使得在产品开发的成本、效率等方面都具有相对优势。其实,科技创业一直是备受推崇的一个创业类型,大学生群体尤其被鼓励进行基于创新的引领型创业,以区别于其他的创业。

其次,在商业模式方面,库米科技将其主要服务内容描述为 IT 外包项目承做、创业公司 CTO 计算机核心技能教育培训、创业公司低成本开发解决方案套件。希望将三个业务打造成一个逻辑严密的商业闭环,使得公司能够将自身优势、外部合作资源充分利用,在拥有强大自我造血功能的同时,也能够稳定地实现业务维持与盈利。然而,无论 IT 外包还是培训都是竞争激烈的红海市场,巨头很多,库米想要做初创公司 CTO 培训更是缺乏核心竞争力。而且无论是云微还是库米都是传统商业模式公司,没有技术创新和商业模式创新,业务传统,获客成本高,缺乏成长性,这个项目可以当成生意做,但可能很难做大。

因此,对于王华杰和库米科技来说,利用其技术基础优势,谋求商业模式创新或许是当前应该着重考虑的问题。

【服务＋社区】

青租界

1　创始人简介

陈焕歆：青租界创始人，上海财经大学信息管理与工程学院2015届本科毕业生，他从大三就开始酝酿创业，创业伊始便获得了上海市挑战杯铜奖荣誉，并获得上海财经大学创业实践类计划的资助。在青租界社区建立后，他先后被《青年报》、澎湃新闻、新加坡电视台和第一财经等媒体采访，成为90后生活服务类创业先锋，目前项目已经盈利，服务了近万名优质青年。

其他创始人简介：

姓　名	介绍及分工
熊　拓	上海财经大学统计与管理学院本科毕业生，全职创业，具有优秀的销售能力，商业敏感性强。曾任上海财经大学学生会国际部部长，任期内于校外运营留学生公寓，成果丰硕，收获第一桶金。实践经验丰富，担任房型的产品经理
周天明	复旦大学哲学学院本科毕业生，全职创业，思维活跃，聪明机灵，语言表达能力极强，实习期间曾经作为公司优秀销售代表，租出派对别墅若干次，业务量惊人。负责公司的市场方向，包括房屋的销售、员工的培训和市场调研及开发等

(续表)

姓　名	介绍及分工
王　越	上海交通大学计算机系毕业生,全职创业,自小钻研计算机,知识积累出类拔萃,项目经验丰富。先后在麦肯锡、腾讯实习。负责青租界的线上产品构建
张　阳	苏州大学凤凰传媒学院毕业生,美术功底扎实,有丰富的设计经验和独到的审美观,设计风格时尚创新。在校时曾任2012~2013年度统计与管理学院宣传部部长,任期内多次获校内外多个平面设计奖项。负责青租界的线上美工设计与创意实现
王乐乐	上海财经大学会计学院在读研究生,本科毕业于上海财经大学会计学院,主修会计学,辅修国际经济法。财务基础扎实,现于某券商实习,负责从宏观层面对公司的财务情况进行指导

2　项目概述

青租界是一家青年生活方式及生活服务的提供商,青租界提出并倡导"WeLive"生活方式(WeLive=娱乐+住宿+工作),即以线下物理空间配合文化活动和创享生态圈,搭建一站式平台,以满足青年人因生活习惯改变而对生活方式提出的新需求。

作为创业项目的名称,"青租界"这三个字每一个都蕴含着初创团队的奋斗目标与服务理念:

青——青租界服务于青年客户群,通过一系列线上线下的青年文化活动,聚集魔都年轻人,为其追逐梦想、活出新方式创造机会。

租——青租界为年轻人提供品质租房产品及生活配套场地,从物理空间上支持年轻人享受品质生活。

界——青租界希望汇聚年轻人后,为其社交创业搭建最初的生态圈。年轻人可以在这里自由发起众创并查看、参与众多丰富有趣的工作项目,跨界交流、共同创造。

青租界团队成立于2012年9月,同月为青年开展线下租房服务。至今,青租界已自持790间品质房屋,2间线下门店,累计为1520名青年解决了租房问题。

2015年8月,青租界开始关注青年文化,并将组织青年活动、负责青年文化创新和内部沟通作为己任。发展至今,青租界已经成功落地了200多场青年活动。

2016年1月,青租界又开启新的探索,开始利用青年用户本身数据及挖掘用户本身情况来进行社交创业圈的搭建及

图1　充满活力的青租界

辅导。

青租界已经在浦东新区租赁了 1 万平方米的场地,进行"WeLive"生活方式的构建和打造。

2.1 产品和服务简介

青租界提供的生活服务与产品主要由以下三块组成:青年活动、租住空间、创享圈子。青租界的服务以青年租客为主要对象,减少市场上的闲置房源,为年轻人争取更多的好房源,提供舒适的全方位服务,做有志青年追梦的好帮手。

青租界网站 1.0 版本(http://www.qingzujie.cn/)启动于 2015 年 3 月,现已进入内测阶段。网站价值主张为"继续对生活上瘾",鼓励年轻人在魔都生活的同时不要忘记自己的理想。这样的理念符合年轻人"Youth Against Establishment"的心理需求,使用户从心理上信任并使用该网站。

每年 6 月,结束了四年大学生涯的莘莘学子刚刚离开校园、踏入社会,便要面对接踵而来的找工作、找房子问题。毕业生们往往会感慨:租房就是毕业求职之后的又一场考试。每年的 4 月,大量应届毕业生已和用人单位签订了劳动合同,其中不少选择留在上海工作;同时还有一部分是考研一族,大量的需求直接导致了合适房源的供不应求,带动了租房价格的上涨。租房价格的上涨对于没有收入来源的大学生来说无疑是雪上加霜,合租成为他们减轻房租负担的最佳选择。除了价格上涨,要租房的毕业生们更为担心的则是被欺诈,五花八门的中介机构和层出不穷的诈骗手段让初踏入社会的毕业生们在找房的过程中倍感困难。

在青年租房过程中,青租界提供四大服务:"寻·靠谱室友""觅·真实房源""租·品质生活""享·管家服务"。

2.2 "寻·靠谱室友"

"寻·靠谱室友"项目旨在聚拢优质青年租房客,通过真实信息登记和信息交互为其匹配合拍的合租室友。在青租界网站 1.0 版本用户注册界面,用户便可以清晰地看到"寻·靠谱室友"项目的价值主张——"因为真实,所以靠谱"。在进行注册时,用户需要登记真实姓名,使网站具有真实与友好的使用氛围。

"寻·靠谱室友"项目在信息登记页面提示用户自行描述,简单介绍一下自己。青租界设计的整个注册过程在 30 秒内就能够完成,接着网站便会以 SNS 社交网站的交互形式带你开启一段寻找靠谱室友的历程。

进入网站后,用户可以看到与自己工作地点相近、租金期望价格差距在可接受范围内的室友推荐。用户可以对自己感兴趣的同伴进行"粉丝关注",整个关注与被关注的操作流程模仿国内领先的 SNS 社交网站,用户操作熟悉度高。而一旦关注成功后,用户便会即时收到青租界为其推送的最新动态,通过观察其他用户自我更新的租房需求、自我描述、对室友期待等发掘自己的新室友。同时,网站也设有信息检索功能,在不外泄用户私密资料的情况下进行信息筛选与匹配,从而更好地为用户提供寻找室友的途径。

图 2　用户界面

2.3 "觅·真实房源"

"觅·真实房源"项目针对传统房产中介模式存在已久的房源信息准确度低、租赁过程费时费力、租房中介成本高等诸多弊端进行针对性改善,成功开发出一种完全颠覆传统房产中介模式的新一代房屋租赁中介服务模式,有效地提高了用户体验度。

其房源信息来自两块:用户本身与青租界工作人员。

用户本身渠道。"觅·真实房源"项目鼓励青年人按照青租界提供的标准上传房屋信息。基本标准:(1) 房屋设施图文并茂;(2) 社区信息翔实无遗;(3) 业主有话温馨提示;(4) 特殊需要事先罗列。这些要求都会在青租界网站的界面上加以呈现,而用户一旦按照标准完成房屋信息填写,就可以在短时间内得到青租界的"真房认证",该房源信息就会在青租界网站"找房子"板块被发布,从而被广大青年看到与分享。青租界网站向求租者提供图像化的房屋设施展示、清单化的房屋信息介绍和人性化的房源搜索功能,这三项功能是实现"省时、省力、省心、省钱"愉悦租房体验的有力支撑,也是提高客户满意度的保障。

青租界工作人员渠道。青租界工作人员亲自上门采集、验证后,发布房源信息。房源信息的时效性和完整性以此得到有效管理,也便于为房屋租赁双方搭建重要信息沟通平台。青租界工作人员已经先后 30 余次上门采集房源信息,为真实房源提供保障。

2.4 "租·品质生活"

青租界针对青年用户反映的租住房屋装修老旧、不能给予家一般的归属感和追求生活品质的幸福感等问题,推出了对房屋进行出租前装修的服务。房间主要分为带卫生间和不带卫生间(由 2～3 人共用一个卫生间)两种类型,所有卧室均配有 1.35～1.5 米宽度的床、1.8 米以上宽度的三门衣柜、高度适中的桌椅、梳妆镜等必备家具,顶灯、小夜灯等必备的照明设施,卫生间配有淋浴房/浴缸、热水器、花洒、马桶、洗脸台盆、毛巾架等。另外,每间房间都安装了空调。

2.5 "享·管家服务"

管家服务是针对对居家安全有着更高期待,经常加班从而缺乏时间管理家中事务的青年推出的线下服务。开展的具体服务见表 1:

表 1　　　　　　　　　　"享·管家服务"

宜家家具	代购代装家具,多种用途,超大储物空间
个性化装潢	根据客户的实际需求,进行墙体装饰、地毯铺设等附加装潢
租客认证	对接"寻·靠谱室友"项目,保证合租室友合拍
一客一锁	提供安心工作、学习和生活的环境
租客保险	为租客购买安全保险,居住更安心
专人保洁	保持公共空间整洁如新
及时维修	实现居住无忧
网上交租金	足不出户也能交房租,更安全便捷
权益维护	在与房东发生纠纷或其他利益受到损害时,及时保障自己的权益

青租界已在其自持房源的 27 套公寓内全面开展"享·管家服务"。

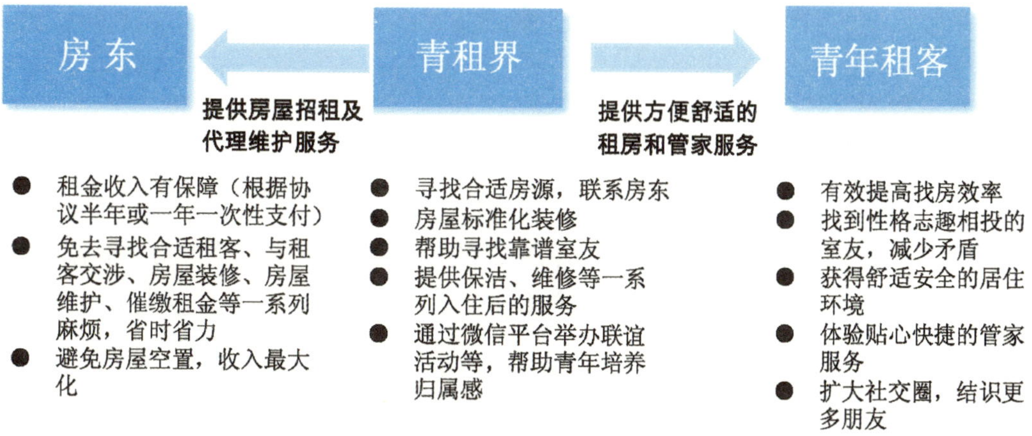

房东 ← **青租界** → **青年租客**

提供房屋招租及代理维护服务　　提供方便舒适的租房和管家服务

- 租金收入有保障（根据协议半年或一年一次性支付）
- 免去寻找合适租客、与租客交涉、房屋装修、房屋维护、催缴租金等一系列麻烦,省时省力
- 避免房屋空置,收入最大化

- 寻找合适房源,联系房东
- 房屋标准化装修
- 帮助寻找靠谱室友
- 提供保洁、维修等一系列入住后的服务
- 通过微信平台举办联谊活动等,帮助青年培养归属感

- 有效提高找房效率
- 找到性格志趣相投的室友,减少矛盾
- 获得舒适安全的居住环境
- 体验贴心快捷的管家服务
- 扩大社交圈,结识更多朋友

图 3　青租界、房东、青年租客的关系

2.6 房东

房东的职责在于提供房屋招租及代理维护服务,提供方便舒适的租房和管家服务。利用青租界平台,房东在尽职履责的前提下,其利益也会被充分保障:

(1) 在协议中向房东承诺,租金半年或一年一次性付清,充分保障房东的利益,有效避免了房东将房屋直接租给租客后可能面临的拖欠租金等情况。

(2) 节省精力和时间。与房东签订协议后,青租界将全权代理房屋的出租和管理,包括房屋装修、寻找租客、与租客交涉、房屋维护、保洁、维修、收缴租金等,为房东免去诸多麻烦。

(3) 为了避免房屋空置有损房东利益,租金由青租界向房东支付,如果无人承租出现房屋空置现象,房东仍可获得协议承诺的租金,确保收益最大化。

图 4 青租界网页

2.7 青年租客

(1) 提高找房效率

青租界通过网站和微信平台等发布由旗下员工实地采集的最真实的房源信息,房源经过筛选,室内经过装修改造,完全能够符合青年人的需求和眼光,有效减少用于找房看房的时间。

(2) 找到靠谱室友

网站通过实名注册和信息审核的方式,确保个人信息的真实完整。以 SNS 社交网站的交互形式帮助青年们方便快捷地找到信息匹配、预期房价一致的室友,并可在入住前进行互动、相互了解。网站还将提供一些创新的找室友方式,如心理测试、看星座找室友等。

(3) 为了提供舒适安全的居住环境,青租界在装修时给每个房间都安装了防盗性能良好且使用便捷的门锁,确保一房一锁,保障租客的人身和财产安全。租客们将体验到家一般的舒适安心。

(4) 租金收入有保障

良好的实用性、青春活力的氛围为青年们增添正能量,使他们在追梦的道路上无后顾之忧。

(5) 享受贴心快捷的管家服务

管家服务主要包括保洁和维修。青租界会根据客户的需求安排保洁人员上门服务,并对保洁工作的内容、流程和质量制定一套详细的规定,会根据客户的反馈调整服务项目。家具、电器等保修可通过拨打服务热线或反映到微信平台,青租界会在3日内派人上门处理。

(6) 结识更多同道中人

青租界会为同一区域的青年租客们建立一个微信朋友圈,青年们可以在朋友圈中交流租房体验、生活小妙招、求职经验等各方面的话题,结识更多志趣相投的朋友。有特殊困难时也可寻求青租界微信平台小助手或居住在附近的青年租客们的帮助。

表2　　　　　　　　　　　　　青租界的优势

优 势 总 结
找到合适房源
提高找房效率
室友志趣相投,减少矛盾
居住环境舒适安全
管家服务贴心快捷
扩大社交圈,结识更多朋友
免去寻找合适租客、与租客交涉、房屋装修、房屋维护、催缴租金等一系列麻烦,省时省力
避免房屋空置,收入最大化
房屋标准化装修
帮助寻找靠谱室友
提供保洁、维修等一系列入住后的服务
通过微信平台、举办联谊活动等帮助青年培养归属感

3 创建过程

表 3　　　　　　　　　　青租界成长历程

2012年	9月	团队成立,线下第一次托管毛坯房,某知名高校教授成为服务的第一位客户
	11月	完成第一套毛坯房的装潢,为探索房间风格、提高用户体验积累了经验
	12月	签下第一套精装房,并成立了自己的施工队
2013年	1月	管理不动产突破1 000万元
	4月	迎来了自己的第100位青租客;迎来了自己的第一位外国租客,并从此将业务扩展到了新人群
	5月	服务了第一批90后毕业生,并接受媒体报道
	7月	签下了一间沿街店铺,成立了沃美房地产经纪事务所,门店服务覆盖周边近百套房屋与租客
	10月	第二家线下门店成立,聘用了2名全职员工,4名兼职员工
	11月	进行深度改革,重新定位品牌,提出了"拼租"理念,"拼出未来、租享生活"
	12月	和多名实干企业家进行座谈,吸取行业经验和管理理念,并为进一步融资打下人脉基础
2014年	1月	成立业主服务委员会,致力于为现有业主服务,并在正文花园等小区形成良好口碑;正式和物业公司合作,以更大力度深耕闲置资产的托管
	12月	走出杨浦区,在上海市其他区域开始大规模资产托管服务
2015年	2月	成立租客服务委员会,将品牌与服务理念更快、更好地传递给租客;正式开始跨区经营
	3月	受到上海财经大学校方支持,承担了为本年度毕业生沪上找房的重任;自持90间品质房屋,2间线下门店,累计为152名青年解决租房问题
	7月	立志转型,成为一家青年服务提供商
	9月	开始接触更大的线下物理空间,以寻求更大发展
	12月	成功在浦东东陆路地铁站附近8分钟路程的临江地块签署了租赁协议,全心致力于改变青年人的生活方式
2016年	3月	迎来第100间房屋的租客
	4月	通过创青春大赛校级复赛,并成功晋级市级决赛
	5月	迎来第200间房屋的租客

陈焕歆创业中经历了六段历程:

3.1 初心萌芽

在大学念书的时候,陈焕歆是上海财经大学稻草人户外运动协会会长。大三那年,他加入了一条去新疆的重装徒步路线——狼塔C环线。这是一条7天上升海拔累计7 000

多米、全程无补给的徒步路线。深入山谷的第三天,他坐在哈尔哈提达坂的牧民房子里烤火休憩,听领队讲他们在阿尔泰山白湖地区搜救"驴友"徐光的故事,听完无限感慨。看着黛色的天空和绵延的雪山,被山里的风吹得直哆嗦的他,突然有一种顿悟的感觉。长期以来,他都在问自己,他在旅行中想要找寻什么?他渴望的是什么?是激情,是生命的激荡,是不平凡的事物。他意识到,人还是需要梦想的。他觉得大概是那个时候,心中已经埋下了创业的种子。

3.2 小试牛刀

光有一股想要创业的热情肯定是远远不够的,还得找到自己能做什么事情。有一次和学校的留学生聊天,对方说宿舍的卫生间居然有个"terrible hole"。后来他才知道指的是蹲坑式厕所。留学生说真没见过这样的厕所,脱不下裤子。留学生问,上海哪儿能住得好点。这话问出来,他当时就被击中了。要知道,找房子的事是他擅长的,因为在学校期间作息时间不是很规律,所以他很早就去外面租房住了,有着不少对接房子的资源以及和中介方、业主方谈判议价的能力。因此,他想去学校附近的高档小区长期承租物业,然后加以改造,让它们适合外国留学生的居住方式,于是他就小试牛刀地干了起来。他在学校附近的正文花园二期租赁了几套简装修的房子,然后寻找施工队进行改造,让每间房尽量美式风格。改造完的房间一推出就供不应求,很快被租完了。他简单地打了个小算盘,发现有利可图,于是准备转型升级,提升自己收储房源的能力。

3.3 沾沾自喜

当时恰逢陈可辛导演的《中国合伙人》上映。首映当日,他买了两张票,带着他的合伙人一起看了午夜场。第二天,他们创立的房产中介公司正式开张营业。他们之所以想开房产中介事务所,是因为正常的房产交易,不论是买卖还是租赁,基本都是通过中介渠道去实现的,而他们希望能够通过对于渠道的把握来拥有更多房源。而且他们觉得留学生群体的数量还是较少,于是他们想把生意扩大到更多的都市青年。事情越做越大,他们也开始沾沾自喜。但盲目的扩大也势必会造成规模不经济,这也为他们后续的经营埋下了隐患。

3.4 疲惫状态

开中介店、做二房东还称不上是创业,他们只想通过做生意锻炼锻炼自己,把自己的想法带到传统行业里进行实践。开始的几个月,他们摆酒席,请来了附近几家中介的前辈,作为后辈悉心向他们请教。但这家店只存活了9个月,就倒闭了。

他们自己租店铺,自己搞装修。记得9月初的上海还是骄阳似火,给店铺安装灯箱的工作必须在清晨进行。因为要用到店内的电源,所以必须有人看店。他就索性没有回家,住在了店里。晚上他蜷缩在供客人坐的1.2米长的沙发上,心疼商业电费,连空调都没有开,打开了玻璃门通风,也喂饱了蚊子。凌晨 4 点半左右,装灯箱的人来了,他作为帮手忙前忙后,忙了两个多小时,然后才重回沙发眯了一个多小时。醒来发现,自己停在门口的摩托车被人顺走了。看着早晨空无一人的街道,他忽然深切感受到了一种最常态也最艰辛的平凡生活。同学一口一个"陈老板"地叫自己,但他知道,自己只是一个刚刚起步的个体工商户。而这段个体户的经历,让他感觉自己的生活就像是一颗被方便面工厂捉住了的蔬菜,被滑稽地脱去了水,装进了小小的袋子里。

3.5 再次上路

开中介店的经历,让他感受到在上海租房对于年轻人而言非常重要。于是他想打造一个既能满足年轻人基本的租房需求,又有情怀和理想的空间。经过两年多的努力,他创立了一个既能满足青年最基本的租房需求,同时里面又填入了许多理想主义色彩的物理空间。这里不仅仅是青年公寓,还是青年文化创新实验室、青年创享社区。每逢周末,看着社区里的青年一个个走出自己的房间,聚集到公共区域里,围坐在一起分享职业经验,一起游戏、聊天,进行最质朴也最真诚的交流,他感到无比开心和满足。

3.6 坚持前行

有一天,一位青年对他说:"房东哥哥,谢谢你,我在台湾念书,现在来上海工作,原来除了同事,一个朋友都没有。现在,我通过这样的青年活动和跨界交流,认识了很多小伙伴。我觉得这是一种精神。"听了这番话,他觉得两年多的创业非常值得。

在脚踏实地去做的同时,还要对一个更美好的世界抱有憧憬。他希望创造出一个真正能让青年们紧密相连,追寻远大梦想的生活空间。"爱,不是一种肌肤之亲,而是一种梦想不死的信念。我们应该脚踏实地,但也不能放弃梦想!"

4 项目特色

4.1 产品服务特点和优势

4.1.1 目标市场明确

青租界以 18~35 岁向往品质租房生活的青年群体作为明确的目标受众,并提供独特的服务。同为青年人,青租界的创立者充分知晓青年人的需求和追求,能从实际角度出发为青年人提供有实质性帮助的服务,让青年人享受更贴心、更周到、更超值的服务。青租界的线上平台首先面向上海市各高校应届毕业生开放,原因在于:(1) 大学生人群素质较高,有利于在网站运营前期形成青租界平台的友好合租氛围,提升首批注册用户的体验,树立良好口碑;(2) 在大学校园内,青租界用户及潜在用户集中,推广成本相对较低。

4.1.2 运营模式规范

青租界派遣员工上门看房,以规范化的标准选择房源和房东,以精益求精的态度装修房屋、置办家具,保证房源真实、舒适。房屋明码标价、定价合理,在年轻人的经济承受范围内。室友筛选要经过问卷调查、心理测试等规范化流程,尽最大可能减少矛盾。租住期间的服务均有制度标准,保证质量,让消费者感受到专业的租房服务,充分保障消费者的权益。

4.1.3 区域定位合理

青租界目前服务的区域范围主要是上海地铁3、4号线附近及向外辐射的部分区域。该区域交通便利,房屋一般比较新且价格适中,适合年轻人长期租住。租客可以根据自己的工作地点调换距离最佳的租房地点。

4.1.4 企业管理灵活

青租界具备完善的企业管理制度和灵活的运行组织方式。青租界采用线上网站和线下门店相结合的运营模式,在扩大宣传营销和节约广告成本的同时,给消费者提供了有效的保障机制。青租界拥有青春活力的企业文化,朝气蓬勃且富有创新精神,擅长用创新思维和方法解决实际问题。

4.1.5 社会反响良好

在校园宣传推广中发现,学生尤其是欲留沪工作的毕业生普遍对青租界项目表示出强烈的兴趣,乐意尝试。

4.2 竞争优势

青租界一直秉持"实在经营",通过现场实拍房屋状况,保证房源信息的真实性,给青年租客提供更多保障。

青租界也设计了多种方案为青年租客寻找合拍的合租室友,提升租房效率。

在生活基本设施的维修上,青租界提供后勤服务,为青年租客提供技术和时间上的便利。同时,通过稳定的外包服务供应商,青租界还为青年租客提供最可靠便捷的家政服务,包括房屋清洁、家具维修等。

此外,青租界采取O2O线上线下相结合的方式,多种营销渠道并行,使得目标客群能够通过多种途径获取免费房源信息,打破只有实体店运营的局限。

4.3 分阶段计划与目标

4.3.1 第一阶段(第1年)

积极寻找优质房源,以上海财经大学为中心,业务覆盖周边区域。制定和完善服务流程,规范化管理。在业务集中区域开设2~3家门店,雇用员工负责房源寻找和业务谈判。形成一套有实用价值的房东挖掘方法体系,与房东建立信任,争取建立长期合作。采用多渠道的产品宣传和市场推广策略,树立良好的品牌形象,扩大在大学生中的知名度。发掘客户潜在需要,例如感情、社交、归属感方面的诉求,细化和完善服务。目前青租界已经顺利完成了第一阶段的计划。

4.3.2 第二阶段(第2、3年)

第二阶段计划在有25间以上房屋数量的所有区域设立门店,负责该区域的品牌展示、租房管理、服务维修等工作。总部将设在业务区域的中心地带。需要接洽厂房等大型建筑的所有者,考虑对其进行较大规模的改造,集中大片房源区域,规模向酒店式公寓靠拢。目标区域是四川北路附近某厂房,所有者为某国有企业,该项目属国有资产改造项目,谈妥后于2016年年底开始施工,乐观估计2017年6月左右可投入使用以应对应届毕业生的大量住房需求。该项目预计投资700万元,目前融资计划已完成60%。计划签订10年期合同,据现金流预测可在3年内收回投资并开始盈利,以第一阶段奠定的大学生广阔市场为基础,向更大的群体推广。积极与各家房屋中介机构联系,争取与多家中型机构建立合作关系。注重员工的培训和进修,建立学习型组织,形成积极向上、互帮互助的企业文化。

4.3.3 第三阶段(第4～6年)

线下自持部分首先覆盖地铁3、4、7、8、10号线周边住宅区域,并争取在每条地铁沿线附近开展业务。根据第二阶段大型项目的运营情况考虑进一步发展扩大集中式住房项目。强化企业营销和管理能力,提高企业的盈利能力,提升技术能力,时刻根据用户的新需求快速提供解决方案。

4.3.4 第四阶段(第7年及以后)

线下自持部分进一步扩大覆盖范围,在发展平价和中等价位的租房服务的同时,业务进入高层次住房领域,涉足高档公寓、别墅等住房租借服务,为高收入青年提供更高品质的服务。形成以客户满意度和市场普及率为优势的核心竞争力,以业务范围的持续扩张维持行业领导者地位,进行正式化运营发展。积极承担社会责任,坚持可持续发展方式,树立良好的企业形象。持续调整发展计划以适应市场的快速变化,始终坚持比竞争对手快一步的战略思想。将优势集中于庞大的客户网络和高市场普及率,为客户提供最优质的服务体验,丰富社会服务业,为社会创造最大价值。

4.4 营销策略

4.4.1 品牌策略

(1) 开发与建立品牌战略

青租界品牌定位以顾客为基础,主张帮助优秀青年能够省时、省力、省心、省钱地租到一间具有生活品质的住房。

青租界品牌设计以绿色、红色、白色为主。品牌形象年轻阳光、富有朝气,同时又彰显出对于美好生活的期许。

(2) 品牌真言

青租界将致力于为优秀青年创造美好的租住生活。

（3）宣传口号

青租界——继续对生活上瘾！

（4）品牌差异化战略

市场上的租房服务商没有对租房者进行过市场细分；同时，提供的租房服务不完整，主要是服务于租房前，租房之后的相关保障与服务没有落实。而青租界的差异化品牌战略就是进行市场细分，锁定青年租客群体，提供一系列的租房服务。希望让青年用户在想到租房服务时，便能联想到青租界。

4.4.2 价格策略

（1）线上服务

在本阶段线上服务都属于免费服务，不收取任何中介和信息费用。

（2）线下服务

① 房租

青租界团队在本阶段主要利用成本加成定价法（单位价格 P＝单位成本 C＋单位成本 C×毛利率 R），同时参考同类型产品的价格，兼顾主要消费群体（青年）的平均月生活费用和消费支出，确定产品的价格。根据市场调查，对于相同地段但品质较高的房型，消费者能接受的溢价空间在 7%～15%，所以青租界推出的品质单间价格主要如表 4 所示：

表 4　　　　　　　　　　青租界品质单间价格情况

房　型	类　别	房屋数量	占　比	租金范围/月
A 户型	大	160	38%	2 300.00
	中	126	30%	2 000.00
	小	135	32%	1 800.00
	总数	421	64%	2 049.88
B 户型	大	60	74%	3 500.00
	小	21	26%	2 800.00
	总数	81	12%	3 318.52
C 户型		160	100%	2 500.00
	总数	160	24%	2 500.00
总　数		662	100%	2 313.90

② 管家服务

考虑到本阶段处于用户认知和体验阶段，尚不具备溢价权和品牌形象，故定价采取渗透价格策略，以较低的价格吸引消费者。保洁费用基本参考市场最低价，费用按小时结算，一般为 25 元/小时。

现阶段维修费用除人为损坏外一般不需租客自行承担；如需计费，按照维修项目和维修过程中使用的材料确定,人工费按市场价结算。

(3)营销传播策略

每年的6~9月为应届大学毕业生寻找合租的高峰期,青租界可以在短时间内帮助到数量可观的青年,所以青租界在营销传播上的策略是借助营销传播组合,按照青年消费者习惯进行传播。

营销传播组合由广告、促销、事件和体验、公共宣传、直销和互动式营销、口碑推销和人员推销组成。

4.4.3 广告

(1)品牌广告

青租界邀请了上海财经大学本科生中的共青团团委书记、学生会主席、社团联主席、

图5 财大学生为青租界拍摄写真集

校园达人、话剧团资深成员、全明星社长等即将毕业的有影响力的青年学生担当品牌宣传模特,拍摄了一组具有创意的青年写真,代表了青租界年轻有活力的积极形象,也利用上述嘉宾自身影响力,在很大程度上推动了青年群体对品牌的知晓度和认可度。

(2) 产品软文广告

软文广告投放的平台主要为微博、人人网等,利用文字广告、平面广告、视频广告等相结合的方式以及网络上好友的转发和分享,不断扩大受众面,提高知名度。

(3) 产品海报和传单

青租界制作的海报特点突出、标题醒目,颜色搭配具有视觉效果和冲击力。强调的内容为室友靠谱、房源真实和费用免除,具有吸引力。

4.4.4 促销

青租界网站上线推广阶段采取了一系列促销推广活动。

活动一:注册青租界用户,抽奖获"学苑青租"15天使用权,以此增加青租界注册用户数量,并且让获奖者能够体验青租界提供的优质住房服务。

活动二:通过青租界成功找到靠谱室友的组合,在网站上上传展示新房照片,即可抽奖获得青租界赠送的新房半年免费宽带。

事件营销与体验:青租界将在上海财经大学本科毕业生里开展"青年过渡期"活动,给正在忙于寻找房子来落脚的青年们一个休憩的机会。在一周之内,邀请身边好友注册青租界用户最多的参与者将获得"经典青租"免费使用权60天,从而帮助毕业生度过酷暑,也能更加安心地寻找下一个落脚点。

直接营销采取应届毕业生短信定向推广方式,经过应届毕业生所在班级的辅导员、班长、团支书同意后,我们将通过班级的飞信平台向每位应届毕业生推送青租界的宣传信息。文字描述虽然在生动性和直观性方面略有欠缺,但有效弥补了线上平台的宣传死角。

4.5 经营管理

4.5.1 企业文化

(1) 经营理念

青租界致力于帮助广大青年省时、省力、省心、省钱地租到一间具有生活品质的住房。对此,经营理念针对不同客户划分为两部分:青租界为房东提供房屋托管业务,减少房源空置,并且租金支付稳定;同时,为广大青年提供房屋租赁业务,包括提供最真实房源信息、最安全房屋改造、最合拍室友安排、最贴心后勤服务等。以"在青租界拼出你的未来"为经营理念,在广大青年的事业起步期,提供给他们稳定、温馨、舒适的住所,为年轻人在房屋租赁市场上争取更多机会。

(2) 公司形象

青租界顾名思义是"属于青年的租界",帮助青年租客在"租界"享受充分租房自治权,开启租住新时代。

(3) 企业愿景

搭建起房东与租客之间的桥梁,实现房源的优化配置,减少空置数量;用最真实贴心的服务带给正在为未来奋斗的青年一种家的归属感。

(4) 组织架构

企业成立初期,组织架构如图 6 所示。

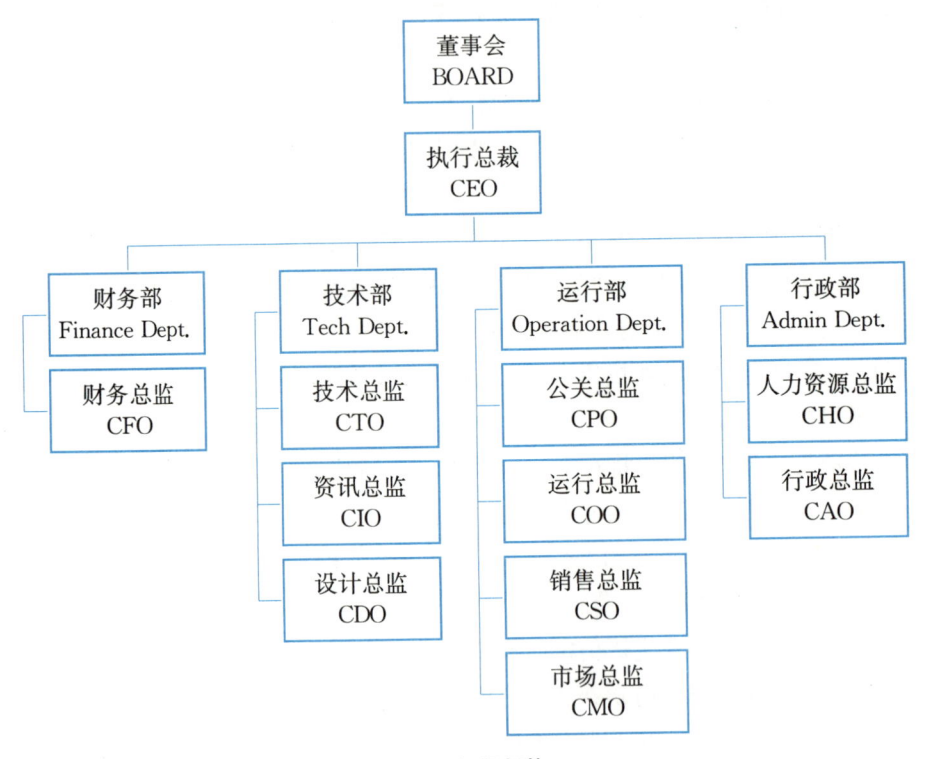

图 6 组织架构

4.5.2 员工管理及绩效考核

(1) 提供员工多元化成长支持

包括继续教育、研讨、师徒制、岗位实践、轮岗、专业化培训、岗前培训、入职培训、iPad-learning、户外拓展。

(2) 鼓励员工自主选择职业发展空间

向管家提供管理及专业两条路径。管理方向有业务经理和业务总监,专业方向有高级管家和资深管家。

(3) 岗位设置

① 青租管家

岗位职责:负责与运营沟通;负责运营区域店面业务人员的培训和辅导;负责实勘房屋并议价,和业主洽谈代理业务;负责代理房源的定价;负责签署代理协议;负责对房屋进行升级配置;负责组织区域样板间的参观;负责协助经纪人签署承租协议。

岗位要求：22~40周岁，本科及以上学历，熟练使用办公软件；有较好的沟通与协调能力，有团队精神、乐观自信、勇于进取；工作认真仔细、有耐心，能承受一定的工作压力。工作地点原则上按需求就近分配。

② 配置专员

岗位职责：负责公司代理房屋的装修，负责对房屋进行升级配置，负责房屋现场质量管理及监督，负责与合作商确定相关事宜。

岗位要求：22~36周岁，本科及以上学历，熟练使用办公软件；1年以上相关工作经验，有装修管理、物资采购、现场质量管理从业经验者优先；有较好的沟通与协调能力，有团队精神、乐观自信、勇于进取；工作认真仔细、有耐心，能承受一定的工作压力。

③ 青租助手

岗位职责：受理业主端及客户端产品咨询；记录和登记客户相关需求；协调、跟进处理顾客需求；受理顾客投诉，维护良好的客户关系。

岗位要求：本科及以上学历，专业不限，男女不限；普通话标准，有良好的服务意识和团队协作精神；具有良好的自我调节及承压能力，善于沟通与表达，思路清晰，具有良好的逻辑思维能力和归纳总结能力。

4.5.3 员工激励制度

将物质激励与精神激励相结合；以激励为主，尽量避免惩罚；选择好激励的时间和手段，激励因人而异，尽量做到公平、公正、公开；加强工作反馈，提高工作多样性和自主性。

绩效考核：为了使考级尽量客观、公正、全面，令被考评公司员工心悦诚服、欣然接受，青租界采用国外各大公司实施的360绩效考评法。首先，听取意见，填写调查表；然后，对被考核者的各方面做出评价。在分析讨论考核结果的基础上进行探讨，定出下一年度的绩效目标。考评模式如图7所示。

除了以上的绩效考核体系外，还采取了一系列激励措施：

辛勤工作奖：每年让职工内部进行轮休，每年分四批为公司1/4的员工提供一次除法定节假日外的带薪休假机会，保证每个员工每4年都享受一次公司给予的特别假期，以慰劳他们4年来的辛勤工作。

突出业绩奖：每季度签下房源数量最多的员工可获"突出业绩奖"。

在日常管理和激励过程中，对员工需要尽量满足和保护；用共同的文化理念，崇高的宗旨、目标和价值观加强员工对组织目标和价值观的尊重和接受，让全体员工形成心

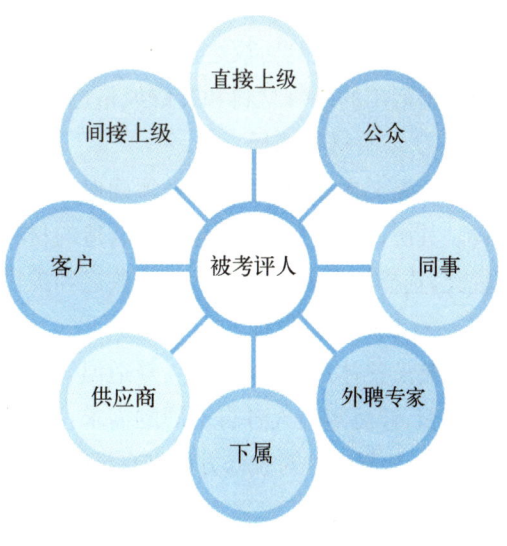

图7 考评模式

理契约和归属感，让员工认识到个人前途与公司前途的一致性，使其自觉自愿为公司的发展贡献力量。

4.5.4 企业管理制度

(1) 收房原则与房东管理

① 收房原则

交通便捷程度：房屋位置选择的首要标准是交通便利，以位于地铁站附近为最优，周边道路交通不过于拥挤，购物娱乐设施比较完善。

合法性：核对房主的产权证和身份证，明确房屋所有权，且无抵押、未转让，避免不必要的法律纠纷。

户型选择：尽量选择房间比较宽敞的户型，房间数量控制在3~4间，公共面积（如客厅等）可以相对小一些。

价格：考虑到青年租客的实际情况，我们在寻找房源时应确保价格在他们的承受范围之内，以中档价格水平的房源为主。

② 房东管理

资格审查：房屋所有权为房东本人所有，不从二房东处租房子，谨防他人冒充房东，务必查实房产证和身份证原件，复印件无效。

合同签订：合同为长期租约（3~5年），青租界以半年或一年为时间单位向房东支付房租。合同详细规定了签订双方的义务，具有法律效力。

权益保障：统一为房东购买财产险，为资产维护服务提供保障，定期向房东报告房屋状况。

房东类型：在实际运营中，青租界发现中年房东更乐意建立合作关系，对各项工作方面的配合也比较积极，因此青租界更偏向于选择这个年龄段的房东。另外，长期居住在崇明或海外而在上海市区有房屋的房东更利于青租界长期合作关系的建立。

(2) 装修制度

在与房东签订协议之后，青租界会根据房屋的实际情况制订一份装修计划，对于不同的房型运用的装修材料和装修风格也有所不同，以下列出一些共性原则：

① 装潢材料选择

环保无毒是第一原则，必须确保客户入住后的身体健康，绝不采用廉价劣质的装修材料。其次，尽量选择轻便易拆卸改造的材料，由于青年人对于新奇事物的追求和流动性比较大，选择此类材料便于后期再改造和提供个性化的装修服务。

② 装潢风格设计

装潢整体风格青春向上、舒适温馨，家具布置合理，充分利用有限空间，创造出最大使用面积，针对年轻人各自不同的需求，装潢风格有不同的特点。同时，提供个性化装修的附加服务，如果客户对装修方面有自己的见解和要求，可以根据客户的需要进行装修改造。

③ 家具选择

家具主要为定制的精品家具，符合房间整体风格，合理利用空间。材料方面以环保的木质家具为主,力图营造家一般的温馨舒适。另外,可为有特殊需求的客户提供代购代装家具服务。

经过数月运营,青租界已经有稳定可靠的供应商,供应商信息如表5所示:

表5　　　　　　　　　　　　　　供应商信息

地　板	上海纳汉贸易有限公司
家　具	黄山家具有限公司
家　电	北京京东世纪贸易有限公司
保　洁	上海卉卉家政服务有限公司
施　工	青租界特约合作施工队

（3）室友管理办法

① 室友寻找和选择

室友的寻找和选择原则上由租客自己在网站上完成,可以事先与潜在室友进行沟通交流,相互了解后再做选择;也可以在租客同意的情况下,通过青租界提供的心理测试、信息匹配等方式选择合适室友。

② 费用分担

青租界收取的房租不包括水电煤的费用,这方面费用需由租客自行负担。每间房将安装一个分电表用来记录主要耗电电器的用电情况,电费根据电表上的记录按比例分摊。水费和燃气费由租客自行商议决定,一般可考虑平均分配。

③ 公共区域使用

公共区域主要包括门厅、客厅、阳台、卫生间等,租客们可根据实际情况自行决定使用方式和各自的使用时间。青租界建议租客不要将个人贵重物品等放置在公共区域,不要在他人休息时在公共区域大声喧哗,避免不必要的纠纷。

（4）管家服务制度

① 服务时间

保洁服务的时间和频率一般可事先确定,由保洁人员定期上门服务,如需增加服务次数或临时需要保洁服务应尽量提前一天预约。设施维修处理一般在客户反映情况后3日内,由维修人员上门处理。具体维修服务标准如表6所示:

表6　　　　　　　　　　　　　　维修服务标准

序号	维修类别	维修项目	服务时效
1	主体	门及门套、窗、地面、墙面、顶棚、防水、管道	24小时内响应,48小时上门,3个工作日内完成,特殊配件除外
2	水暖	马桶、卫浴、地漏、洗手池、洗菜池	24小时内响应,48小时上门,3个工作日内完成,特殊情况除外

(续表)

序号	维修类别	维修项目	服务时效
3	电路及灯具	线路、开关、插座、灯具	24小时内响应,48小时上门,7个工作日内完成,特殊情况除外
4	电器	空调、冰箱、洗衣机、热水器、油烟机、灶具	24小时内响应,72小时上门,简单问题当场解决,需配件的1周内解决,特殊情况视具体情况而定
5	家具	床、桌椅、柜	24小时内响应,72小时上门,简单问题当场解决,需配件的3日内解决,特殊情况视具体情况而定
6	锁具	锁具	4小时内响应,8小时上门,简单问题当场解决,特殊情况视具体情况而定

② 服务费用

保洁服务费用需由租客自行承担。如清洁工作仅局限于个人的房间(包括独立卫生间),费用由租客独立承担;如清洁工作还包含公共区域,则由该套住房内的租客们共同承担。租客无需每次向保洁人员支付费用,费用按月收取,以小时为单位计费。维修费用的收取视实际情况而定,如遇不可抗力而非因租客使用不当引起的损坏将由青租界承担维修费用,除此以外,维修费用将由租客自行承担或分担。维修费用按次收取,根据维修项目、维修材料和人工费收取。

③ 服务质量监控

保洁和维修人员上岗前将接受一定的培训,青租界将告知其工作的范围和标准,规定细致到具体的操作流程。同时接受客户反馈,可对具体工作实行情况进行评价。

4.6 财务管理

4.6.1 前期融资

青租界由团队成员自行出资完成前期资金的筹集。

4.6.2 财务基本假设及背景

表7中2016年的数据反映了公司的真实运营状况,之后数年数据则是基于目前的运营状况所做的合理预测。

表7　　　　　　　　　　　　财务基本假设　　　　　　　　　　单位:百万元

年　份	2016	2017	2018	2019	2020
损益表					
销售收入增长率	20%	20%	20%	20%	20%
主营业务成本/销售收入	20%	20%	20%	20%	20%
管理费用/销售收入	10%	10%	10%	10%	10%
税率	20%	20%	20%	20%	20%

(续表)

年 份	2016	2017	2018	2019	2020
所有者权益信息					
分红占净利润比例	30%	30%	30%	30%	30%
实收资本	40	40	40	40	40
资产负债表：资产					
存款利率	3%	3%	3%	3%	3%
应收账款/销售收入	1%	1%	1%	1%	1%
资本支出占去年年底固定资产比例	10%	10%	10%	10%	10%
年折旧占去年年底固定资产比例	10%	10%	10%	10%	10%
资产负债表：负债					
新增短期借款	1	1	1	1	1
应付账款/销售收入	1%	1%	1%	1%	1%
银行借款利率	8%	8%	8%	8%	8%
每年归还银行贷款	1	1	1	1	1
计划新增银行贷款	0	0	0	0	0

鉴于经营主体是以房产转租赁为经营项目，青租界将未出租的房产记做存货，长期租赁的实体店铺记做固定资产。

折旧制度：非房类固定资产使用期限为8年，到期无残值，采用平均年限法摊销。

对于未来公司主营业务（房产转租赁）的预测基于以下假设：

表8　　　　　　　　　　　　　　主营业务预测假设

房　型	类别	房屋数量	占比	租金范围/月（元）	入住率	每间收入（元）	总收入（百万元）
A户型	大	160	38%	2 300	95%	26 220	419.52
	中	126	30%	2 000	95%	22 800	287.28
	小	135	32%	1 800	95%	20 520	277.02
	总数	421	64%	2 049.88	95%	23 368.65	983.82
B户型	大	60	74%	3 500	95%	39 900	239.4
	小	21	26%	2 800	95%	31 920	67.032
	总数	81	12%	3 318.52	95%	37 831.11	306.432
C户型		160	100%	2 500	95%	28 500	456
	总数	160	24%	2 500	95%	28 500	456
总　数		662	100%	2 313.9	95%	26 378.43	1 746.252

2016 年的入住率为目前实际入住率。在之后的 3 年发展时间里,青租界团队坚信在扩大规模的同时,维持入住率的主要方式为价格因素引导。根据青租界与房东的租约,租金 3 年内维持不变。每年房客的租金必定会随着市场情况存在小幅上涨,而在财报中假定 3 年内租客租金不上涨,一来方便计算,二来也可以价格优势确保入住率。不同房间类型的比例及房租价格如表 8 所示,由此可以估计出 2016 年收入约为 1 800 万元。

4.6.3 会计报表

表 9　　　　　　　　　　　　资 产 负 债 表　　　　　　　　　　　单位:百万元

年　份	2015	2016E	2017E	2018E	2019E	2020E
资产						
流动资产						
现金	1.0	7.2	15.3	25.5	38.3	54.3
应收账款	0.0	0.2	0.3	0.3	0.4	0.4
存货	4.0	3.0	3.0	3.0	3.0	3.0
总流动资产	1.0	7.5	15.5	25.8	38.7	54.7
非流动资产						
固定资产	40.0	40.0	40.0	40.0	40.0	40.0
其中:在建工程	20.0					
工程物资	5.0					
累计折旧	8.0	4.0	4.0	4.0	4.0	4.0
总资产	37.0	46.5	54.5	64.8	77.7	93.7
负债						
流动负债						
短期借款	0.0	1.0	2.0	3.0	4.0	5.0
应付账款	0.0	0.2	0.3	0.3	0.4	0.4
总流动负债	0.0	1.2	2.3	3.3	4.4	5.4
非流动负债						
长期负债	0.0	(1.0)	(2.0)	(3.0)	(4.0)	(5.0)
总负债	0.0	0.2	0.3	0.3	0.4	0.4
权益						
实收资本	40.0	40.0	40.0	40.0	40.0	40.0
留存收益	0.0	6.2	14.3	24.5	37.3	53.3
总所有者权益	40.0	46.2	54.3	64.5	77.3	93.3
总负债、所有者权益	40.0	46.5	54.5	64.8	77.7	93.7

表 10　　　　　　　　　　　　　损　益　表　　　　　　　　　　　单位：百万元

年　份	2015	2016E	2017E	2018E	2019E	2020E
收入						
销售收入	18.0	21.6	25.9	31.1	37.3	44.8
成本费用		4.3	5.2	6.2	7.5	9.0
折旧		4.0	4.0	4.0	4.0	4.0
毛利润		13.3	16.7	20.9	25.9	31.8
费用						
管理费用		2.2	2.6	3.1	3.7	4.5
EBIT		11.1	14.1	17.8	22.1	27.4
财务费用		(0.0)	(0.2)	(0.5)	(0.8)	(1.1)
税前净利润		11.2	14.4	18.2	22.9	28.5
税收		2.2	2.9	3.6	4.6	5.7
净利润		8.9	11.5	14.6	18.3	22.8
分红		2.7	3.4	4.4	5.5	6.8

表 11　　　　　　　　　　　　　现金流量表　　　　　　　　　　　单位：百万元

年　份	2016E	2017E	2018E	2019E	2020E
经营活动现金流					
净利润	8.9	11.5	14.6	18.3	22.8
财务费用	(0.0)	(0.2)	(0.5)	(0.8)	(1.1)
折旧	4.0	4.0	4.0	4.0	4.0
（营运资本增加）	0.0	0.0	0.0	0.0	0.0
总经营活动现金	12.9	15.3	18.1	21.5	25.7
投资活动现金流					
（资本支出）	(4.0)	(4.0)	(4.0)	(4.0)	(4.0)
总投资活动现金	(4.0)	(4.0)	(4.0)	(4.0)	(4.0)
融资活动现金流					
长期负债增加(减少)	(1.0)	(1.0)	(1.0)	(1.0)	(1.0)
财务费用	(0.0)	(0.2)	(0.5)	(0.8)	(1.1)
实收资本增加(减少)	0.0	0.0	0.0	0.0	0.0
（股利）	(2.7)	(3.4)	(4.4)	(5.5)	(6.8)

(续表)

年份	2016E	2017E	2018E	2019E	2020E
短期借款增加	1.0	1.0	1.0	1.0	1.0
总融资活动现金	(2.6)	(3.2)	(3.9)	(4.7)	(5.7)
现金净增加额	6.2	8.0	10.2	12.8	16.0
初始现金	1.0	7.2	15.3	25.5	38.3
期末现金	7.2	15.3	25.5	38.3	54.3

4.6.4 公司估值与敏感性

表12　　　　　　　　　　　自由现金流　　　　　　　　　　单位：百万元

年份	2016E	2017E	2018E	2019E	2020E
EBIT	11.1	14.1	17.8	22.1	27.4
EBIT税负	2.2	2.8	3.6	4.4	5.5
NOPLAT	8.9	11.3	14.2	17.7	21.9
折旧	4.0	4.0	4.0	4.0	4.0
营运资本变化	0.0	0.0	0.0	0.0	0.0
资本支出	(4.0)	(4.0)	(4.0)	(4.0)	(4.0)
自由现金流	8.9	11.3	14.2	17.7	21.9

表13　　　　　　　　　　　贴现模型　　　　　　　　　　单位：百万元

债务成本	0.1
税率	20.0%
无风险利率	5.0%
市场超额溢价	5.0%
贝塔值	1.1
债务/投资资本	20.0%
权益/投资资本	80.0%
税后债务成本	0.1
权益成本	0.1
WACC	9.6%

(续表)

自由现金流长期稳定增长率	3.0%
终值	341.50
企业总价值	270.38
总负债量	0.0
超额现金	1.00
总权益价值(10年)	151.6

表14　　　　　　　　　　　　　敏感性分析1　　　　　　　　　　　　单位：百万元

	1.0%					
	270.4	11.5%	10.5%	9.5%	8.5%	7.5%
	4.0%	227.6	265.5	317.4	392.6	510.9
0.5%	3.5%	215.8	249.4	294.4	357.5	452.4
	3.0%	205.4	235.4	274.9	328.8	406.9
	2.5%	196.1	223.2	258.1	304.9	370.5
	2.0%	187.8	212.4	243.6	284.6	340.7

表15　　　　　　　　　　　　　敏感性分析2　　　　　　　　　　　　单位：百万元

	1.0%					
	151.6	11.5%	10.5%	9.5%	8.5%	7.5%
	4.0%	135.9	143.9	152.5	161.9	172.0
0.5%	3.5%	135.9	143.9	152.5	161.9	172.0
	3.0%	135.9	143.9	152.5	161.9	172.0
	2.5%	135.9	143.9	152.5	161.9	172.0
	2.0%	135.9	143.9	152.5	161.9	172.0

4.6.5　财务分析

流动资产周转率＝销售收入/平均流动资产×100%

固定资产周转率＝销售收入/固定资产平均净值×100%

总资产周转率＝销售收入÷总资产平均余额

周转率反映存货的储备量与流动性是否科学合理。除了第一年固定资产周转率稍低之外，其余几年的周转率都反映良好，显示出企业运营与销售的高效。

销售收入增长率＝(本年销售收入－上年销售收入)/上年销售收入

根据计算可知，预计未来3年的增长率可维持在100%以上，搭上行业的顺风车，前景良好。

资产报酬率＝(2×净利润)/(期初总资产＋期末总资产)×100%
销售毛利率＝(营业收入－营业成本)/营业收入
销售净利率＝净利润/营业收入

众所周知，随着经济发展，资本运行的基础发生变化，社会主义市场经济逐步完善，资源配置向市场转变，租赁公司逐渐在市场定位和经营模式等方面有所创新与突破。尤其是2007年银监会出台的租赁公司管理办法，实际上就是这个行业存在的基础。随着租赁公司不断探索与创新，青租界认为，这个行业的发展前景良好。

综合行业的积极形势，市场刚性需求的客观存在，以及针对18～35岁青年的更加精准的市场定位，青租界未来的发展较为乐观。美中不足的是前期资金不够充裕，优秀人才较为匮乏，如能获得足够的资金与人员支持，必将在与房主谈判环节以及品牌推广上实现突破性进展，从而更好更快地实现目标。

4.6.6 融资计划

以下陈述基于本项目实际运营情况：

青租界有对外借贷，担保的措施可采取用租赁合同进行担保，降低债权人面临的损失风险。关于新投入的资金，一方面用于扩充业务量并支付相关工作人员的工资；另一方面，随着资金的不断增加，可以更容易一次性与房东结清款项，从而获得相对更低廉的租价，进一步扩大盈利空间。青租界热忱欢迎投资方参股，实现双赢。在如今租赁行业发展形势大好的大环境下，预计公司未来3年的资产报酬率能持续高达150%以上。

此外，为了保护出资人财产安全，所有者必须要对企业的会计资料和资产状况实施财务监督；为了保护出资人的财产利益，出资人对涉及资本变动的公司合并、分立、撤销、清算等财务问题，必须做出决策；为了追求资本增值，出资人必须对企业的利益分配做出决策。

公司出让股权的依据是公司净资产，因为净资产是在资产交割基准日或近似日的公司资本情况，最能体现公司的价值。关于投资方以何种方式收回投资以及执行时间，青租界将与投资方进行具体洽谈。

4.7 关键风险和问题

技术风险：租房产品的核心技术在于软硬装修，装修风格、艺术设计要符合客户定位，居住体验要符合用户需求，要尽量杜绝设施损坏老旧、房屋漏水等降低用户体验从而造成用户流失的现象发生。

市场风险：虽然国家于2016年5月出台了有利于租房市场的新政策，但长期来看，存在一定的政策变动的可能性。不过就短期来看，租房市场一片大好，政策变动的可能性较低。2016年入住率达到95%以上之后，社区运营会代替市场成为侧重的新目标。

运营风险：由于运营财务成本较高，青租界未来的目标是让用户自己组织活动而非一味跟随参与青租界举办的活动，因此要尽快完成从B2C到C2C的转型。

财务风险：根据公司目前的财务状况，由于有自然人投资，因此短期内不需要担心运营状况及资金流动性等问题，但需要尽团队所能提高盈利能力，以获得更多品牌溢价。

重要伙伴：	关键业务：	价值主张：	客户关系：	客户细分：
国有企业资管部门、个人业主、工程装修施工队、设计师团队、金融担保公司、基金公司、银行、新媒体服务商、文化宣传部门、广告公司	（1）城市空间布局； （2）青年社区建立； （3）文化活动组织； （4）创新创业孵化； （5）物业管理； （6）装修改造； （7）室内设计	青租界是一家提供青年文化服务和生活空间的公司；通过一系列的线上线下青年文化活动，聚集魔都年轻人，为其追逐梦想、活出新方式创造机会；提供品质租房产品及全方位服务，从物理空间支持年轻人享受品质生活；汇聚年轻人后为其创业社交搭建最初的生态圈，同时提供一系列跨界增值服务	（1）为大业主提供最安全的固定资产托管服务； （2）为城市发展做出建设性的贡献； （3）为青年群体提供最有品质的租住环境； （4）为全城青年提供最好的文化活动	（1）不动产所有者； （2）青年租客； （3）青年创业者
	核心资源： （1）众多的固定资产名单 （2）丰富优质的装修施工资源 （3）强大的产品设计团队 （4）高效有创意的宣传团队 （5）丰富的金融产品		渠道通路： （1）线下推广； （2）线上运营； （3）与国内知名门户网站合作； （4）与当地政府部门合作； （5）与金融机构合作	
成本结构： 优质不动产租金成本、建设施工改造成本、客户服务成本、运营成本				收入来源： 租金收入、创业孵化风投、会员费

图 8　商业模式画布

5　案例点评

作为衣、食、住、行四大基础生活领域中占据用户时间最长的一环，传统的住宿行业在互联网思维以及生活方式和观念更新的冲击下，也产生了新的创业机会。尤其是"互联网＋"的出现，更是掀起了租房和长租公寓投资热潮。青租界正是众多抓住这一创业机会进入长租公寓领域中的一员，这也决定了青租界在进入租房和长租公寓市场时就已面临着很多现有和潜在的竞争者。因此，在进入这样一个竞争激烈的市场后，品牌的差异化和创业团队的构建都至关重要。

在品牌建设方面，青租界打造了"寻、觅、租、享"的品牌标识，提出四大服务："寻·靠谱室友""觅·真实房源""租·品质生活""享·管家服务"，试图与其他公寓和租房品牌形成差异化。其实，青租界正是结合了传统租房形式和现代长租公寓的特点，借助网络平台,形成了自身的差异化品牌。

在团队构建方面,对于众多房屋的管理需要非常高效的管理团队,管理100套合租房源,需要管理团队人数6人左右,核心管理层1人,装修合伙人1人,营销和服务管家合伙人4人,人效比很高。对于创业者而言,要搭建起如此高效的团队肯定是有难度的。青租界在创建时就有5人核心团队,并且5人存在较大的异质性,分别具备管理、技术和营销等方面的技能,这保证了团队的高效性。

未来,青租界应将自身优势提供给众多O2O平台,一方面为它们导流,降低它们的获客成本;另一方面完善自己作为生活服务提供商的属性,将更多与生活有关的服务引入公寓。

【服务+物流】

运去哪
——新国际物流服务

1　创始人简介

肖迶： 运去哪 CTO & 联合创始人，上海财经大学 MBA。2012 年创办国内首家互联网+国际货运行业的 B2B 交易平台——运去哪，从十几个人发展到现在 100 多人，是一家营业额超过 3 亿元人民币的互联网公司。

2　项目概述

2.1　项目简介

运去哪公司是一家力图打造互联网+国际货运的在线交易平台，为货主提供一站式的物流服务。在运去哪的在线平台上，货主可以得到他所需要的一切服务，也就是所谓的一站式贴心服务。这样的服务对于货主来说，不仅相比其他物流更加便宜，还能感受全程的贴心服务。

目前，运去哪提供的主要是针对中国市场的海外进出口货运服务。他们期望在未来，可以将从中国的某个门点到国外某个门点的整个流程服务，升级为门到门的服务。中国每年国际货运贸易额大约在4万亿美元，大部分通过海运进出，市场非常可观。运去哪的目的就是要改变国际货运行业，为业内的企业、人员实现资质与信用评级，实现行业物流过程的高效化、透明化，再通过大数据技术实现供应链的优化；同时，辅以供应链、金融服务的介入，为中小企业提供更多帮助与服务。

2.2　行业优势

运去哪以出口企业和货运代理企业为基础，搭建了一条有在线运价查询、报价、订舱、货物追踪、支付等功能的快捷沟通与交易平台。国际货运业务的订单非常复杂，涉及国际商检、报关、拖车、仓库、清关等，有一个非常长的流程，平台要服务于国际外贸货运，通过整合各类物流商和贸易商的资源，采集行业最新信息来撮合线上成交，缩短物流交易流程，并着重于物流商和货主的在线交易和信息跟踪；最终改善国际物流行业的交易效率，促进国际物流行业的发展，让外贸企业能够找到合适的服务对象。

打个简单的比喻，运去哪有点类似于携程，携程运的是人，出去旅游的时候你要订酒店、机票、火车票、门票，你自己去订也可以，但你更愿意通过携程去订，因为它更便宜、更方便一些，如果相关的服务出了问题，你可以打电话给携程。运去哪也是一样的。运去哪负责的是整个物流流程，包括服务的质量也是他们关心的地方。对于货主来讲，他们只需要提供产品，剩下的运输、报关等不是他们很擅长的一块，就可以全部外包给运去哪公司来做。

首先，运去哪公司通过在线平台把大量小数目的货主订单收集起来，整合成为一个大订单，再去联系供应商进行议价，从而增强了平台的议价能力。其次，提供更好的服务，由于现在的服务行业是一个要求相当高、需要专业技能作为支撑的行业，尤其是在国际货运这一块，需要更加高的专业性。小型货代公司的服务没有足够的保障，大型公司计算成本后要价会更高，而运去哪则聪明地结合了这两种公司的优势，把少量的服务需求聚集在一起，并通过信息化让客户在线下单，在线跟踪物流过程、货物流向，整个的流程包括中间物流环节出现的问题，都可以通过系统自动告诉客户。减少了中间环节，降低了成本，同时确保了更好的服务质量。

2.3　公司现状

运去哪总部位于上海，并已在深圳、南京、天津、宁波、安徽、义乌等地拥有分公司。此外，依靠互联网的技术优势，运去哪可打破地域的限制，覆盖全国所有外贸港口，为外贸企业提供全口岸的一站式国际物流服务。其一站式国际物流在线服务包括了货运保险、拖车、仓库内装、海运订舱及报关。

运去哪创新地将互联网电商模式引入传统的国际物流产业。在平台上，货主可根据货代真实的信誉评价、成交记录，选择最可靠的物流服务提供商，从而有效解决价格、信誉不透明的问题，为货主提供更省心、更便宜的国际物流服务。与此同时，作为第三方平台，运去哪非常重视国际物流中的服务环节,搭建了百人的客服团队,全程介入每一笔订单,为货主提供全方位的物流服务,确保货物运输的万无一失。

"方便省心"是"运去哪"最大的特色。外贸企业可以很方便地在线查询中国主要港口及航线的国际物流价格,并快捷地在线下单。运去哪专业的客服人员在接到订单后,可迅速帮助外贸企业安排物流相关事宜;并且,外贸企业可通过运去哪官网后台或微信端,实时查看物流订单的进展。

3 创建过程

3.1 创业之初的艰难探索

做创业,困难是必然的,一开始最大的困难就是没有人做。运去哪就像在做国际货运中的淘宝一样。现在如果有人想去做电商其实很容易,因为方向很明确,已经有一个淘宝在那里为创业者们树立了标杆,但运去哪没有。那个时候,运去哪是最早开始尝试做互联网+国际货运平台的,可以说是国内首家企业。一开始最难的就是没有方向,运去哪就是摸着石头过河。要从 0 做到 1 真的非常困难,肖遴并不知道方向在哪里,也不知道哪条路是对的,就像跑到黑屋子里,他知道这个屋子有个出口,但不知道它在哪里。运去哪在开发这个平台的前期,至少花了一年多的时间,一直在摸索商业模式、寻找方向。

创业之初,主要任务就是对行业进行分析,包括对竞争对手的分析。分析下来的结果是,当时在国际货运行业几乎没有竞争对手。国际货运行业与互联网有关的产品和项目,更多是以 Web1.0 的形式存在的。另外,中国市场是最适合施展拳脚的地方,因为国际上货运行业比较发达的国家,基本都以大型企业为主,竞争已没有那么激烈了。中国目前业内中小企业众多,有超过 30 万的货代公司,几百万的货主,从业人员几千万,并坐拥巨大市场。面对这样的形式,他们更多的是在考虑怎样切入这个行业,让用户觉得这个产品有用。

后来,特别是直到"互联网+"这一概念提出之后,运去哪项目才在一定程度上明确了自己的方向。他们认识到,运去哪要做针对小单货主的国际物流平台。这样一来,目标就很明确了,首先是做一个平台,平台的交易双方是买方和卖方,买方就是各种大小型货主和要运货的公司,卖方就是他们这些提供全程服务的人。重点就是为货主提供服务。他们把服务货主作为他们的第一目标,其他所有的服务都是基于买方的所有需求提供的,这是他们当时最明确的目标。

在商业目标与期望的具体功能明确之后,就开始要考虑资金的问题,于是运去哪公司开始寻找一些融资。在 2014 年的时候,运去哪得到了第一笔融资——VC 风投融资。肖遴回忆他当时为什么会去做融资时,认为主要是受到之前参加过创业创新课的启发。他曾经制作了一个 PPT,然后到课堂上去讲,这个项目有人拍板砖,但也有人说还是不错的。他把这个 PPT 修订之后,突然想道:既然课堂上可以,那为什么不能到处去做路演呢？后来他所在的学校开设了 MBA 课程，这个 MBA 课程是属于商学院的，商学院会参加一些交流活动或者比赛，他就代表商学院出去做了一些路演。就是通过这些路演的机会，他很快发现在这个行业中，大家对他的概念或者开发方向是非常认可的。很快，大约在 2014 年年底的时候，运去哪公司就拿到了第一笔宝贵的投资。

从 2015 年至今，在资金问题基本得到解决之后，又是一年的时间，运去哪公司发现接下来面临的问题就更多了，比如在互联网平台的专业领域，像运去哪公司这样创业没有多久的公司，招人并不容易。因为公司在这个领域毕竟没有名气，要招到更多、更好的专业技术人才就会比较困难。通过 51job 这样的招聘平台很难找得到能够加入他们的人，得通过自己的人脉去找，这是人的问题。这时候，肖辀个人的做事步骤、方法、执行力，团队管理、团队建设，具体执行步骤的执行，以及怎么把公司的市场份额从 1 扩大到 10……这些问题都会逐渐显现出来，这也是团队现在所处的阶段。

3.2　创业路上的披荆斩棘

伴随互联网+行业的迅速发展，特别是在运去哪融资成功之后，行业中的竞争者就变得多了起来。以前，在运去哪公司刚开始创业的时候，同行业的其他竞争者们都在观望，因为国际货运这个行业很大、很分散，老牌的公司在传统物流上的运作也已经非常成熟，转型对于它们来说并不一定是好事。但一旦人们看到互联网平台是一个可行的方向，大量竞争者就会加入进来。运去哪算是做得比较早的，在他们前面还有以前是做 ERP 的先驱，所以说在国际货运这个行业中几十家竞争公司应该是有的。不过运去哪应该是这里面第一个拿到融资的，也是发展最快的一家。虽然说他们现在还在摸索，但到了这种时候，前期的经验就会显得非常重要。在摸索中总能学到一些东西，尽管在你发现这条路走不通的时候，做的事没有用，但从尝试中得到的经验对于未来的发展来说还是很有用的。更多的追随者还是处于前期的摸索阶段，所以运去哪就市场营业额来说是做得最大的一家，在这一块比别人大很多。

在国际货运这个领域，一些比较大的传统企业也会靠他们雄厚的资金、技术来抢占这个新的市场。然而目前国际货运行业中，拥有健全服务的公司其实并不多，老牌的公司更多属于承运人，类似于航空公司与票务代理的关系。航空公司很大，但不会切入票务代理，票务代理是由携程、去哪儿这些旅游服务公司来做的。国际货运行业也是一样的，虽然有一些做得比较大的公司，但它们是非常传统的，转型并不是那么非易事，因此在这一行业，运去哪基本可以避免与大企业的竞争。可以说，这种大型货代企业，它们和运去哪是一种竞合关系，二者之间有很多地方都可以合作。比如一些特定的服务或者危险品运输的服务，老牌企业有很好的资质与丰富的经验，运去哪跟它们合作，就可以保证运输的质量。

在市场营销方面，运去哪也做了相当多的努力，不断地寻找方法，吸引客户并留住他们。这涉及运去哪的推广方式，是一个非常具体的事情。运去哪的推广方式和传统公司既有差异也有相同之处，在推广的时候，既会体现差异，也会用一些相同的方式。比如地推和线下推广，这依旧是很重要的一块，运去哪有自己专门的销售人员。与此同时，运去哪也有自己全新的电销,专门通过电话来销售。其他线上的 SEO 或者 EDM、活动运营,还有类似于 QQ 群、微信群等,都是运去哪拉拢客户,找到其他外贸公司、外贸工厂并合作的方式。

运去哪还会跟当地的政府有一些合作,特别是负责一些外贸的部门,给他们做一些业务课程培训。还有和一些做外贸的 B2B 公司进行合作,如纺织网、化工网、机械网,它们很多是针对出口的。因为它们是提供基础服务的,客户下订单之后,直接把订单给它们,就可以很快速地形成两边的合力;它们有客户,也会导给其他公司。运去哪的重点是线上和线下结合,现在可能更多偏向于线下,但线上对他们来说还是很重要。因为毕竟是 B2B 的企业,决策周期比较长,所以说他们需要线下定点做拜访,线上通过广告邮件让别人知道他们这个企业是做什么的、他们的优势是什么,要线上线下结合、点面结合。

3.3 肖逵:回首创业历程时的收获

创业之辛苦溢于言表,毕竟很多东西要从 0 到 1 去摸索,你大多数时间都会很忙,都要想着创业的事情。创业的人必须要有很好的精力,因为很多东西要摸着石头过河,这意味着自己要思考很多事情,要去亲身经历很多事情,不管是自己去找客户,还是去开发程序,或者设计商业模式,都要亲自去做才能知道这样做到底好不好。

肖逵主要负责产品设计和相关的技术支持的事情,一个业务对应的产品支撑应该在什么地方,产品能不能探索出一条新的模式,特别是在传统行业里能不能形成一种新的风格或者业务模式,都是这个职位的人需要考虑的。肖逵需要考虑到人、钱、事所有相关的东西,要自己去找人,到各大网站、论坛去搜索人才,甚至参加各种各样、大大小小的线下活动来寻找相关的人。资金的重要性更毋庸置疑,要去找各种投资机构。肖逵去找投资的时候,谈了几十家,而且投资公司也轻易能找到,但你必须得拥有、发现一些渠道才能找到这么多的投资人。所以不管是寻找投资,还是得到投资,都是需要花精力去思考的。做事情就更不用说了,做事情涉及计划,一个计划开始执行之后一定会涉及钱和资源的投入,执行的步骤怎么样,执行的结果怎么样,只有全程把握好计划的执行才能控制好走向。

4 项目特色

4.1 商业模式

"运去哪"项目启动于 2013 年,总共投资超过 500 万元资金,其目的是希望通过互联网来改造国际货运行业传统的经营方式,使国际货运企业可以通过运去哪平台进行在线营销、在线交易、在线订单处理、在线支付及金融服务等,并最终形成针对国际货运行业的在线交易平台,即国际货运行业的电子商务平台。运去哪希望通过互联网的快捷、高效和信息透明来提高整个管理效率,规范产品或服务的标准,实现真正的在线交易和订单处理,从而实现企业的盈利能力。国际货运企业之间分工非常明确,需要上下游企业共同配合来完成货物的跨国运输，这使得它们之间的服务可以很好地进行协作，从而达到服务专业化。每个企业只需要完成自己擅长处理的工作，并且把非核心模块外包给其他企业。现在使用运去哪平台的物流企业超过3 000家，并且非常有希望在随后的一年里，使其企业数超过10 000家。

随着经济的发展，货运行业的信息已经变得非常复杂并且数据量庞大，现在的信息处理方式已经不能很好地满足如此大量交易的高效进行。此外，目前国际货运企业信息化发展非常不平衡：对于大中型货运企业，比如大型轮船公司、物流公司、航空公司等，其企业内部信息化系统经过几十年的发展已经非常完善，并且高效地支持着企业的日常业务处理和企业运作；而对大量的中小企业而言，它们的信息化程度非常低，业务流程比较混乱，并且与上下游企业沟通的方式比较原始，主要通过电话、传真等，无法直接与上下游企业进行在线数据交换和信息交流。这些企业的数量占整个行业的85%以上，造成信息沟通不及时，业务流程无法与上下游企业无缝对接，也无法使供应链末端最终的消费者了解整个供应链的运行情况，从而使交易时间拉长、交易效率低下。在这种情况下，即使行业服务模块化已经完成，并且通过价值链分拆与整合形成了合理的服务外包，但企业与企业之间的信息无法及时沟通，企业内部的信息孤岛仍然存在，也无法使行业上下游企业形成合力，达到提高整个供应链的业务处理效率的目的。

为了改变这种现状，运去哪平台为国际货运行业的上下游企业提供了统一的沟通平台，其平台功能包括基本信息的沟通、标准服务格式的统一、营销信息分享与监控、交易订单的达成与处理以及在线支付的完成。这使得行业上下游企业可以在运去哪上进行日常工作处理、业务的询价报价和订单管理。

运去哪平台为国际货运行业的上下游企业实现全程电子商务提供了全面的支持，其通过互联网技术和SaaS软件模式，为国际货运企业提供在线ERP、企业管理和电子商务服务，实现企业内部管理以及企业之间商务流程的有效协同。企业全程电子商务是指企业在进行商务活动的各个流程中都导入电子商务。国际货运企业进行全程电子商务可以借助运去哪平台提供的功能，以实现上下游企业资源、信息的有效共享和整合。以在线企业管理作为平台的核心功能，帮助国际货运企业将经营管理范围延伸到上下游业务伙伴处，对供应链上的供应商（如轮船公司、航空公司等）、服务商（如国际货运代理企业、报关行等）、客户（如工厂、外贸公司等）进行协同管理、包括产品管理、营销管理，订单管理和支付管理等，并且与企业的电子商务业务完全融合。全程电子商务生态系统描述了国际货运企业间的协同模式，中小企业可以使用全程电子商务灵活地实现协同创新。运去哪平台不但实现了物流行业的全程电子商务，而且把物流行业的业务流程和现实中的人际关系复制到互联网上。通过互联网的时效性和快捷性，使现实的物流业务流程信息可以在互联网上快速传递，从而提高企业的工作效率，优化工作流程。同时通过企业互联，实现物流企业之间的电子交易和物流企业的诚信认证。

运去哪平台现在的主要用户主要包括外贸公司、国际货运代理公司、货运公司、轮船公司、航空公司、铁路运输公司、仓库和报关行等。这些企业注册之后，就可以通过运去哪系统管理其内部业务、外部客户信息和交易信息。

外贸公司可以通过运去哪系统发布其进出口物流需求,并且可以在平台上获得更合理的价格、更优的服务,最重要的是,外贸公司可以实时了解订单的执行情况,并且对其中的关键环节进行控制,以便货物可以及时高效地运送到最终用户手上。

货代公司可以通过运去哪系统发布其航线服务,并对多达数百条的航线进行灵活管理和推广,从而获得更多的订单。当订单生成之后,可以在线控制订单的执行,并且把执行情况及时反馈给相关公司,如上游的客户和下游的货运公司,还可以直接通过系统把订单拆分成子订单,分发给下游的公司,如卡车公司、报关行等。通过运去哪平台,货代公司可以使更多的外部资源为自己所用,从而提高公司的控制能力和竞争力。

轮船公司、航空公司和铁路运输公司可以与运去哪进行数据交换,运去哪可以把在线订单数据生成 EDI 订舱信息,直接发送到这些企业的资源管理系统,使其自动生成订舱信息,这将很好地提升这些企业的信息处理速率,同时这些公司可以把订单执行情况反馈给客户。

卡车公司和仓储公司可以通过运去哪管理和推广自己的产品或者服务,并且可以通过运去哪提供的 ERP 系统直接在线获得订单和管理订单,并且及时把订单执行情况反馈给相关公司。

重要伙伴: 货主(外贸公司、工厂)、货代公司、船运公司、航空公司、拖车公司、仓库、保险公司、银行	关键业务: (1)海运订舱; (2)拖车/内装; (3)报关; (4)海运保险; (5)保理/供应链金融 核心资源: (1)众多的货主公司及其订单; (2)庞大优质的供应商资源; (3)强大的产品技术团队; (4)丰富的金融产品	价值主张: 国内首个互联网+国际货运行业的 B2B 在线交易平台,为货主提供一站式国际物流服务,使客户可以享受到更优质的物流服务和更便宜的价格	客户关系: (1)为货主提供优质的物流服务; (2)为货主提供全程在线物流跟踪信息; (3)为供应商提供更高效的物流服务技术平台; (4)为货主提供更好的金融服务 渠道通路: (1)线下推广; (2)线上运营; (3)与国内更大的B2B平台合作; (4)与当地的政府部门合作; (5)与各大金融机构合作	客户细分: (1)有国际货运需求的外贸公司和工厂; (2)货代公司; (3)拖车公司; (4)仓库
成本结构: 产品技术研发成本、客户服务成本、订单执行成本、服务采购成本、在线运营成本				收入来源: 为客户执行订单的服务收入、为供应商提供订单的佣金、在线平台的广告收入、为客户提供金融服务的收入

图 1 商业模式画布

4.2 核心价值

运去哪把互联网中的新技术和商业模式与国际货运行业相结合,创造出新的商业模式,并且为企业带来新的营销方式和商业机会。通过运去哪平台,这些中小货运企业可以完成信息化改造,更高效地利用信息,更好地指导企业的经营和发展,使其成为真正的现代服务企业。

使企业的管理者可以更好地理解自身企业在整个价值链中所处的地位,认清自己公司的核心竞争力。与此同时,通过企业信息化和电商化来提高企业的管理效率和核心竞争力,并且可以把一部分企业职能移植到运去哪平台上完成,通过运去哪平台中新的营销模式、在线交易方式和订单处理方式来降低企业经营成本,提高企业盈利能力。

4.3 功能模块

运去哪主要是为国际货运行业的上下游企业提供统一的交流平台,所以其主要功能是使上下游企业的信息沟通更加快捷和便利,这些信息包括文本信息、产品信息、具体服务信息、询报价信息、订单交易信息和支付信息等。为了使这些信息可以在上下游企业间自由交换,运去哪系统功能的主要内容包括如下六大模块:

(1) 产品或服务的管理和发布模块

企业通过此模块把产品或服务输入系统中,产品或者服务包括航海运服务、空运服务、拼箱服务、集装箱拖车服务、仓储服务、报关服务等。企业完成了基本服务信息输入之后,即可通过系统对这些产品或服务进行管理,包括航线信息更新、运价信息更新、船期信息更新、铁路运输信息更新和航空信息更新等,并且企业内部人员可以通过 PC 或者手机移动客户端来进行查看,及时了解公司的服务价格。

(2) 产品或服务的推广模块

当企业把自己的产品或服务信息输入系统中之后,对于大部分的 ERP 系统来说,这些信息仅仅是在企业内部流转。因为这些数据将会成为企业资产,但对于整个上下游企业来说,这些数据只是一个个信息孤岛,只能为自己企业所用,而不能成为整个价值链中能实现增值的数据。运去哪正是通过 SNS 功能,使企业用户可以在平台上与成千上万的物流行业用户成为好友后,通过多种渠道来销售它们的产品或服务,并及时将信息发送给潜在客户。

运去哪提供的手段包括如下几种:

• 通过运去哪的 SNS 平台。运去哪为国际货运行业的从业人员提供了一个 SNS 平台,这些用户可以通过此平台认识到全球国际货运行业的从业者。每加一个好友即为一个潜在客户,企业的销售人员可以把公司有竞争力的产品或服务发送给潜在客户,使他们可以了解到企业的运价信息。

• 通过社会化的沟通平台。比如通过微信,用户不但可以查询到公司的运价信息,并且可以发送自己的产品或服务报价给自己的好友或朋友圈。通过此功能,用户可以把自己的人脉圈融入公司业务中,使自己可以获得很多的客户。

● 通过传统的 EDM 邮件营销。企业销售人员可以把自己的产品或服务通过邮件发送给大量的潜在客户,使他们可以随时随地了解到企业的产品,当他们确实有需求的时候,可以直接通过运去哪联系到企业,这样能提高企业的产品或服务的知名度和品牌认知程度。

(3) 产品或服务的询报价模块

通过产品或服务的推广,潜在客户在看到相关价格时,可以对有意向的产品或服务发起询价,使上下游企业可以快速地就产品或服务价格进行交流,不会有任何的延时。并且需求方也可以对同一需求给多个供应商发起询价。这样的话,需求方就可以对收到的许多来自供应商的报价进行比较,这样有利于需求方获得性价比更高的产品。同时,系统让双方可以就报价进行在线的实时交流。

(4) 产品或服务的订单管理模块

通过在线 ERP 系统,供需双方可以快速地就达成交易的产品或者服务直接形成订单,并且订单双方可以通过运去哪平台对订单进行协同处理,同时把需要的资料交付给对方。最重要的是,订单的执行情况可以及时反馈给订单的利益相关者。

(5) 在线金融模块

在线金融模块分为在线交易支付和在线融资功能:

在线交易支付主要用于当订单生成之后,订单双方可以直接在线进行运费的支付,从而节省双方的支付时间和支付成本。

在线融资功能指的是运去哪将会与其他金融机构合作,为运去哪用户提供小额贷款。类似于阿里金融小贷,运去哪可以通过分析在线用户的订单交易和支付情况,结合大数据分析,快速高效地评估出用户的信用等级,从而决定贷款的金额。这将会是国际货运行业金融业务上的突破,可以在不需要用户提供任何资产抵押的情况下,对用户信用进行评估,从而提高用户的资金使用效率和降低企业的融资成本。

(6) 基本信息的沟通模块

运去哪系统提供动态功能、文档管理功能、项目和任务管理功能以及 SNS 管理功能来支撑上述核心功能,使其可以更高效地把所有用户的动态、文档、订单等信息汇总,并为以后的大数据分析提供海量的数据。

通过运去哪提供的以上功能,国际货运行业的上下游企业可以真正做到信息共享、资源整合,业务流程在运去哪平台上一站式完成。

4.4 行业价值

根据价值链模块化理论,行业如果需要形成合理的价值链网络,需要对企业的服务进行模块化。但服务模块化并不是企业的最终目的,企业需要不断地对业务进行整合,提高

员工的技能,而运去哪的目的正是为企业模块化提供管理支持和管理工具。运去哪在其中所起的作用如下:

(1) 提高国际货运行业上下游企业的信息化

目前国际货运行业中的中小企业信息化程度低,企业自身也没有资金和能力来提高企业的信息化程度。而大多数大型企业的信息化能力是毋庸置疑的,可以自己进行信息化改造,但是其信息化改造只适用于企业内部,最大范围也就是涵盖部分供应商的信息系统。这显然还是不足以使行业上下游企业达到信息的公开透明、无障碍共享。而如果上下游企业之间的信息不公开透明,企业之间的沟通和信息交流效率就会低下,许多信息交换需要通过传统方法进行,这正是行业价值链模块化的一个重要阻碍。如货运企业的报关单还是需要通过实物快递进行,非常费时费钱,并且不安全。

再者,上下游企业之间的信息不公开透明,企业之间沟通成本巨大,不但文本交换需要线下进行,而且由于上下游企业的资质没有第三方机构的认证和评估,企业的信用度不够,使企业必须在交易时格外小心谨慎,特别是当上下游企业位于不同国家的时候,单个企业根本没有能力对合作伙伴或者客户进行资质认证和调查,而运去哪平台将会对系统上的企业进行资质认证和信用评估。运去哪对企业认证的方式有如下几种:

① 对平台上的企业进行基本的资质认证,如工商营业执照、企业资格和办公地址的认证。

② 对企业的产品或服务交易的过程进行监控和记录,通过大数据分析,可以做到对企业的经营情况了如指掌,最终给出每个企业的资质评估结论,这也是平台融资服务的基础。

③ 在线企业之间可以相互评定。运去哪平台上的企业并不是自我认定的,而是通过成百上千个与其有过交易的企业对其进行评定,评定的企业越多,其资质的可信度就越高。

④ 运去哪同时会通过将企业关键业务流程标准化,然后再将其信息化,使其可以在线进行传递。这样企业不但可以管理好内部的业务流程,使公司内部的信息高效传递,从而提高企业内部的效率,而且可以减少成本。同时,企业之间的业务交流也不会存在任何障碍。

(2) 提供国际货运行业上下游企业的 ERP 和 CRM 系统

对于大量的中小货运企业来说,出于成本的考虑,其并不会购买大型的 ERP 和 CRM 系统,所以运去哪平台提供的也是轻量级的 ERP 和 CRM 系统,使它们可以快速部署并形成生产力。另外,运去哪最主要提供的是企业的产品或服务的营销、订单的管理以及在线支付和融资功能,这个对于中小企业来说,确实是迫切需要的。企业内部信息的保存和流转只是信息化的第一步,随后企业需要在运去哪系统上把企业最重要的业务核心——产品服务和订单信息,按需发送给目标企业,使企业内部信息可以通过运去哪平台进行共享,从而实现业务高效合作,共同完成大项目的处理。这样国际货运行业上下游企业的 ERP

可以通过运去哪平台进行互联和数据共享,真正形成信息的开放和透明。

（3）提供国际货运上下游供应链的协同工作平台

通过运去哪协同工作平台,使上下游企业不但可以在线上达成订单,而且双方还可以就此份订单的执行过程进行协同,并对订单的执行情况进行监控。比如用户可以把己方需要提供的信息和文档快速地提交到系统中,对方即可方便地查询相关信息,从而提高双方的工作透明度和效率,进而降低双方的交易成本。

（4）提供在线投标系统

对于许多大中型制造企业和外贸企业来说,其每年都有大量的物流需求,而现实的处理方式是每次都需要举行招标活动,甚至有些公司还有专门的招标部门。这些部门需要负责供应商信息的收集和评估,招标信息的传递,招标活动的组织和举行,以及招标方案的评估等。运去哪平台为这些企业提供的在线招标系统可以很好地解决这些问题。运去哪可以为其提供供应商的分类与评估,招标活动的组织和解决方案的评估等。通过此功能,大中型企业可以把其货运需求发布在运去哪上,并选择有能力的货运企业来进行投标。其优点如下:

① 大量节省货运需求方的招标时间,提高其招标效率

通过在线招标系统,需求方可以便捷地发布招标信息,而不需要通过线下费时、费力地组织招标活动。这样不但可以节省需求方的时间,也可以节省应标方的时间。

② 对于需求方来说,有更多的供应商可以选择,从而降低采购成本

在运去哪平台上,有成千上万的货运供应商,它们提供多种多样的产品或服务,这样需求方选择的机会就非常多,这样就有机会获得性价比最高的产品或服务。

③ 对于供应商来说,可以减少应标的成本,也可以减少招标中受到不公正对待的风险

在运去哪平台上,货运企业有机会接触到更多的招标机会。因为每次应标都是在线进行,所以相对于线下招标活动可以大幅降低应标成本。同时,运去哪作为第三方平台将会公平地对待每位应标者,在流程上可以杜绝不公平的情况。而对于货运企业来说,其唯一需要考虑的就是自己产品或服务的竞争力。

正是通过运去哪的招标系统,需求方可以把与物流相关的工作给更专业的物流企业来做,自己更好地专注于核心业务,在获得最优的物流解决方案的同时,可以大幅降低自己的物流成本。

（5）为国际货运行业提供金融解决方式

双方的订单交易完成后,自然而然会进入支付阶段。运去哪系统将为交易双方提供非常便捷的在线支付,同时对双方的支付过程进行监督,逐渐形成企业的支付信用。具体会提供如下几方面的金融服务:一是在线支付服务,双方可以快速地在线完成支付手续;二是金融融资服务。

国际货运行业是一个资金密集型行业,每个企业需要投入大量的自有资金来维持公司运作。特别是对于中小型企业而言,其企业所有人的自有资金较少,并且很难从银行融

资,这样将严重影响企业的运作和发展。

通过对企业在运去哪平台上的数据进行分析,特别是交易数据的分析,运去哪可以对需要融资的企业进行信用评估。基于企业的信用,运去哪可以为需要贷款的企业提供一定的授信服务。企业可以通过此服务,能非常便捷地获得低成本的融资。

5 案例点评

在"互联网+"新形势下,创新创业的机会在于传统行业互联网化改造,把互联网技术和传统行业技术更加紧密结合起来,这一结合带来的变化和影响是极其深刻的,"互联网+传统行业"的潜力是巨大的,也有人称之为新一轮工业革命。它的深刻影响有几个方面:一是传统行业的生产方式、组织方式和销售方式等都会发生一些重大变化,效率也会相应大幅度提高;二是新的模式、新的业态都会出现,比如制造业服务化已经成为一个大的发展方向和趋势。

运去哪作为"互联网+"时代的创业项目,项目的关键就在于对传统的外贸物流行业的互联网化改造。采用互联网思维很好地解决了传统外贸物流行业的高成本和专业性等问题,建立了一个典型"互联网+"服务型企业,正契合了当前"互联网+"发展思维。运去哪通过在线平台把大量小数目的货主订单收集起来,整合成一个大订单,再去联系供应商进行议价,从而增强了平台的议价能力,这样减少了中间环节,降低了成本,同时确保了更好的服务质量。

除了对创业机会的准确把握和商业模式的有效构建,运去哪项目成功的另外一个重要因素在于其创业团队。在"互联网+传统行业"创业下,一个优秀的创业团队应具备两种基本成员:互联网技术员和传统行业资深从业人员。运去哪的两位联合创始人正是分别在互联网行业和传统外贸物流行业深耕多年的从业者,这是运去哪能够成功实现对传统的外贸物流行业的互联网化改造的重要因素。

【服务+O2O】

从 Together 到精通创服

1　创始人简介

张思雨：上海财经大学公管学院大三学生，创业学院匡时班一期优秀学员，目前休学创业，高礼研究院（高瓴资本旗下的高端人才俱乐部）上海班班长。精通创服执行总裁，主要负责公司团队管理、项目规划、人事安排。创业实践经验丰富，财大"创行"核心成员，获"创行精英学生证书"，并代表财大参加了 2015 年创行华东赛获一等奖；加入了咖啡绿植项目组（曾获创行中国赛冠军）并担任项目经理。

2　项目概述

2.1　公司介绍

随着我国加快落实创新驱动发展战略，主动适应和引领经济发展新常态，"大众创业、万众创新"的新浪潮席卷全国。自 2013 年 5 月至今，中央层面已经出台至少 22 份相关文件促进创业创新,这些文件正在转化为具体的政策措施,对创业创新起到积极作用。2016年两会上,"大众创业、万众创新"又一次作为两会热词在政府工作报告中被重点提及,开启了打造2016年最强"双引擎"的大幕。李克强总理指出:大学生是实施创新驱动发展战略和推进"大众创业、万众创新"的生力军,既要认真扎实学习、掌握更多知识,也要投身创新创业、提高实践能力。为贯彻落实党中央、国务院关于全面深化改革的战略部署和促进高校毕业生就业创业的工作要求,引导和支持更多大学生创业,江西省人民政府出台多项创业扶持政策,鼓励引导大学生创业。

在国家政策的感召下,上海张张网络科技有限公司于2016年7月成立,这是一个基于共享经济的高性价比的中小型企业美容院,专门为企业提供设计、视频、新媒体三方位、立体化的品牌美容服务。

2.2 公司精神

公司产品以"精通"命名,崇尚精诚、精简、精进、精捷的态度,也寓意着汇聚精英、联通企业的意思。

"精通"的团队文化核心:

(1) 客户第一:始终站在客户的立场思考问题;产品以提供优质的用户体验为前提;提高用户的参与感。

(2) 团队至上:积极融入团队,互帮互助;决策前充分讨论,决策后坚决执行;对事不对人,工作不掺杂个人感情,应工作认真,该批评就批评,该表扬就表扬,平时生活中,还是好朋友。

(3) 迎接变化,敢于创新:创业没有剧本,要勇于尝试、敢于突破;崇尚创新,崇尚技术,崇尚实干;有好的创意,一定要敢去实践它,别怕,别空想。

(4) 有激情,乐观向上,永不放弃:由衷地热爱我们的项目,不阳奉阴违;不断设立更高的目标,勇于进取;不轻言放弃,遇到困难,努力解决,你不是一个人在战斗。

(5) 要敬业,精益求精:持续学习各种技能,不断提升自我;今天的事,决不拖到明天,Deadline是我们的底线。

2.3 服务宗旨

通过移动互联网连接企业和精英,为企业提供更高性价比、更便捷的品牌美容服务,也让有技能的大学生精英或工作室有稳定的获客渠道和提升空间。

2.4 公司框架

2.4.1 公司架构

公司性质是有限责任公司,组织结构采取倒金字塔形,由CEO(首席执行官)直接向董事会负责,公司所有权与经营权分离。CEO下设市场部、运营部、产品部、财务部。

2.4.2 公司成员及职务

姓　名	职　位	主要职能	个人经历
张思雨	执行总裁	主要负责公司团队管理、项目规划、人事安排	● 上海财经大学创业学院匡时班一期优秀学员 ● 高礼研究院(高瓴资本旗下的高端人才俱乐部)上海班班长 ● 创业实践经验丰富,上海财经大学"创行"核心成员,获"创行精英学生证书",并代表财大参加 2015 年创行华东赛获一等奖,加入咖啡绿植项目组(曾获创行中国赛冠军)并担任项目经理
魏鹏程	联合创始人	主要负责公关、商务合作、融资	● 创业 3 年,创办过两家公司,运营过多个项目 ● 中国品牌日联合伙发起人 ● 2015 年作为大学生创业代表受邀赴北京人民大会堂参加第九届中国品牌节
王星光	运营总监	主要负责企业和精英用户运营	● 曾在多家企业担任企划、企业管理等重要岗位 ● 兼职兔联合创始人,兼职兔曾获爱学贷千万天使轮融资 ● 曾带领团队 3 个月覆盖 13 个城市
张　中	技术总监	全程负责产品开发	● 联合创办《创业评论》,一手创立团队并带领团队取得相当大的发展 ● 自学编程,已能熟练开发服务器端程序、Android 端程序,熟练掌握 Java、Html、CSS、JavaScript、C++ 等开发语言,并实践开发多个网站程序以及手机小应用
徐　翔	市场总监	负责企业市场的拓展	● 2012～2013 年腾讯微博、微信高校(江西财经大学)运营全国第一名 ● 2014～2015 年"微道国际"大陆地区会务经理(曾创单场会议营销 527 万元纪录) ● 2015～2016 年去哪儿网 BD 经理
宋　意	文案策划	目前负责文案策划编辑、微信平台管理工作	● 对于文字方面有一定的敏感度,多次在上海市作文竞赛中获奖 ● 现为校学生会干事,"创行"成员
李睿博	平面设计师	产品 UI 设计	● 2015 年毕业于山东建筑大学,擅长插画设计及动效制作,实战经验丰富,致力于做"集美与科学于一体"的用户界面
缪　蕾	财务总监	财务记录和管理工作	● 上海财经大学会计学专业 ● 具备会计上岗职业资格

2.5 创业导师

导师姓名	个人简介
张吕清	CCTV 老故事频道《公益中国》制片人
季金凡	中国众筹研究院院长
李　彦	洪泰基金投资人、俞敏洪学生

(续表)

导师姓名	个人简介
袁 岳	零点咨询董事长、飞马旅创始人
朱 宝	紫懿集团董事长、沈南鹏学生
李方玉	清华大学微商客座教授
杨 勇	高润资本 CEO、上海众筹专业委员会秘书长
李光斗	CCTV 品牌顾问、招商银行品牌顾问、中国品牌第一人
董占斌	青松基金联合创始人、全球创业周年度最佳天使投资人

2.6 合作企业

合作内容	企业机构
媒 体	CCTV 老故事频道《公益中国》、CCTV 发现之旅
品 牌	品牌中国产业联盟、华盛智业・李光斗品牌营销机构
战略咨询	零点研究咨询集团、中国众筹研究院
技术指导	封推俱乐部
投融资	洪泰 AA 加速器、IDG 资本、青松基金、36 氪、九鼎创投、e 人筹、启赋资本

3 创建过程

3.1 源于大学生兴趣社交

Together 项目团队是在 2015 年 4 月 1 日愚人节那天组建的。张思雨当时还在咖啡绿植项目做市场工作,算是个"小部员",在大学路收了一年的咖啡渣,挺苦的,但是这样的创业尝试让他收获颇多。不过这毕竟是学校的项目,不能带出去让它市场化,所以就想找几个伙伴一起做个属于自己的项目。第一个找到的是"创行"同事朱哲漪,他们经常为创业项目的事,随便找个台阶坐下,一聊就聊到半夜,乐此不疲。后来他们索性又陆陆续续找了几个关系不错而且有一定创业态度和创业能力的人,组建了一个 6 人团队。这 6 人如今算是"元老级"成员了。当时他们还没有一个明确的创业方向,大家一起在食堂里头脑风暴,想出了很多天马行空的想法,最后大家民主投票,选出了一个方向:做大学生兴趣社交,为大学生匹配活动、匹配伙伴。那取个什么响亮的名字呢?他们自己想了几个契合主题的名字:约吗、悦贝、Together 等等。后来经调研,Together 最受好评,所以定名 Together:一起,一块儿,to get her! 确实不错。确定了方向后,大家一条心,分好工,该分析市场的去搜集数据，该做竞品分析的去下载热门同类App体验，该做财务的去准备账本等。从团队组建到项目确立，再到第一版超万字的创业策划书出来，他们6个人用了4天，赶在截止日当天提交了他们的创业梦想。很幸运，他们成功立项了，这让整个团队都激情满满。

记得张思雨生日那天，他们6个人唱歌到午夜，然后大家突发奇想，想骑车去外滩看看！大家一拍即合，两个男生一头一尾，四个女生在中间，排成一列向外滩观景台出发。大家一路骑、一路笑、一路叫喊着，热情洋溢。到了外滩已经凌晨2点了，几乎没什么人，他们在平时车流量、人流量最大

图1　第一款logo（花300元设计的，虽然最后没有用但还是充满了回忆）

图2　团队合照

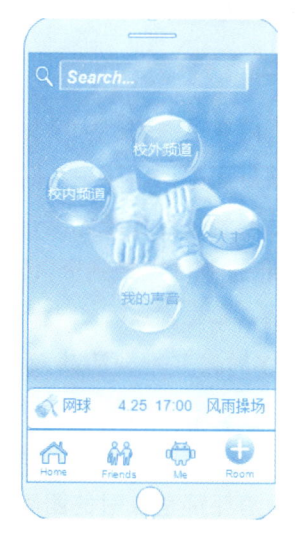

图3　创业最早期他们自己学习设计出来的UI界面，虽然丑，但很温柔

的外滩街道上拍了他们团队的第一张合影。之后他们6个人站在观景台上，穿着单衣，顶着凉风，望着黄浦江对面陆家嘴高耸入云、依然灯火通明的写字楼，每个人心中都有股东西在涌动。他们发誓，要在江对面最高的上海中心拥有他们的办公室。少年的热血壮志在上海这个充满机遇与挑战的冒险家乐园里满满积聚，最终汇聚成一股改变社会的强大力量。回到寝室已经凌晨4点多，张思雨彻夜未眠。

大话就这么说下了，于是6个人开始努力地为这个项目贡献着自己的智慧和汗水，每周碰面都灵感不断，讨论经常持续四五个小时。Together是个互联网的项目，团队里没有人有这方面的专业知识，大家都边学边做，摸着石头过河。为了获取信息和经验，他们经常参加创业类沙龙，向创业前辈取经，他们的热情感染了许多人，他们的设计和技术也是这么来的。他们的努力得到了肯定，使Together项目获得CIFC金融咖啡"众筹好项

目"等荣誉。

3.2 搭建大学生私人助理平台

真正让项目进度加快的事件是 7 月上海财经大学创业学院匡时班的成立。在炎热的暑假,为期 19 天的匡时班让他们第一次接受了系统的创业教育,同时导师的帮助也让他们在开课期间,开办了自己的公司。创业学院老师还非常有心地为他们买了蛋糕,庆祝公司成立,樊校长、刘校长和张思雨一起切蛋糕,分给了学员们,大家一起分享创业带给他们的乐趣与喜悦。

图 4 校领导为公司庆生

幸运的是,张思雨在匡时班遇到了现在的合伙人张中,他是张思雨在上海财经大学见到的"真正的创业者",有持久的创业热情,执着,追求极致,敢为做项目而翘课。张中当时还在做自己的项目,张思雨就想挖他过来,张中有点犹豫。有天晚上凌晨 2 点多张思雨打电话给张中,他没睡还在做项目,张思雨说:张中,我们打个赌,看谁的项目先融到资,谁先融到就跟谁一起干。后来,他就成了张思雨的合伙人。

张思雨在匡时班学到了新想法,做了新思考,他发现大学生很多时候并不缺活动,而是缺高效管理活动的机制。具体来讲就是有人可以提醒你什么时候应该参加什么活动了,人人都可以提醒或被提醒,就像是 Boss 和私人助理一样。而原来的方向,要他们发展学校周围的商家、学校里的社团和学生,这样的路径对资金、人力的消耗都是那时的团队无法承受的,所以他决定转型。张思雨把这个想法在网络会议上与伙伴们交流,大家表示赞成,由此他们开始了第一次转型尝试。虽然成员散布在全国各地,但是项目并未因此停滞,反而是比之前更快。他们沿着这个方向一直走,在 8 月找到了技术公司,做出了他们

图 5　樊校长参观他们在上海财经大学创客空间的新办公室

的第一版 Demo。

在匡时班最后一次路演时,张思雨结识了青松基金的董占斌先生,董总对他们有浓厚兴趣,暑期也会时不时地询问项目情况,张思雨知道,他们的种子轮资金有希望了。

整个暑假张思雨与董总都保持着一定频率的沟通,在 9 月,他们碰了面,在头脑风暴中,董总认为若做大学生私人助理这块会更有市场;也暗指如果转型,他们也能更快获得融资。那几天,团队成员在一起思考了很久,分析了很多,有过纠结,但是创业是没有剧本的,你得学会拥抱变化。之后在董总的帮助下,他们成功地在 10 月完成了种子轮 50 万元的融资。项目跨越了第一个里程碑,解决了钱的问题。

新的方向确立后,他们在 11 月份参加了"冠生园杯"创业大赛,获得三等奖,拿到了第一笔奖金：5 000 元。大家很开心,去阿康撸串来庆祝自己取得的成绩。

图 6　第二代 logo,萌萌哒兔子助理

2015 年底他们通过外包开发了微信版的 Demo,并在过年的时候,他们做了线上的千人产品发布会,但是由于用户体验不好,产品的逻辑也有些问题,所以刚开发好就放弃了使用。通过这次实践,他们发现微信并不能提供很好的用户体验,必须开发 App。

3.3　调整为大学生技能变现平台

项目的定位也得调整。团队原来计划对学生筛选后进行培训,为社会的中高端人士提供私人助理,但是之后发现双方都需要培养用户习惯,并且市场很小,虽然噱头挺足,但

图 7　借助"冠生园杯"比赛项目的宣传来招人

图 8　阿康撸串

很难持续运营并产生收益。倒不如把大学生私人助理的业务范围与大学生各自拥有的多种技能相联系，然后为社会创造价值。既解决了大学生想要兼职赚钱、锻炼能力的痛点，又解决了机构的用工问题。

说实话，开发 App 是个很大胆的决策，因为 App 一直是个很烧钱的活儿，以开发、UI

设计再到运营推广,没有一个不需要用钱。第一步是先解决技术问题,吸取前两次的经验,他们决定找自己的技术人才。张思雨找了个安卓开发能力很强的高中同学,寒假期间一直和他聊,两人聊得很投机,后来同学同意加入。他们又在苹果那边找了个全职的 App 开发人员,这对于张思雨团队也是有里程碑意义的——因为 Together 有了第一位全职员工。UI 找了一个靠谱的哥们,在互联网公司做设计,兼职帮他们做 UI,而张中负责做服务器,同时给安卓、苹果做辅助,按他的话讲是个"全站工程师"。一个完整的技术团队搭建完成了。Together 跨过了第二个里程碑,解决了技术问题。

他们开发了 2 个多月,苹果和安卓版本的 App 终于可以准备上线了,运营这边也陆陆续续地找到了几个靠谱的人,大家整天待在办公室里头脑风暴,想产品,想未来,创业氛围非常浓厚。大家一起找了种子用户去体验,用后验证了他们的想法。他们准备先"吃透"上海财经大学,把它做成"样板房",然后逐步吸引其他学校的优秀大学生。

至于需要学生们提供服务的企业或机构,张思雨他们决定先针对初创团队,因为他们的痛点最明显,最需要高效、低成本的服务,而优质的学生是绝佳的选择,他们能够为初创企业助力。张思雨他们保证只要初创团队来 Together,就一定能得到足够优质的大学生服务。同时,企业如果在实践中发现大学生的能力很优秀,完全可以招募他们进入自己的团队。经过团队的测试,通过 Together 找人相比于传统的企业招聘,应聘者的质量大大提升,而招聘所花费的时间却不到原来的一半。

同时学生能够真正地找到自己想做的事,既能锻炼自己的能力,积累社会经验,又能赚外快,相比传统的兼职平台能带给他们更多的想象空间。Together 为大学生打开了新世界的大门。

新的项目方向也在全国大学生"三创赛"中荣获二等奖。

图 9　根据项目定位调整做的新 logo

3.4　成就基于共享经济的企业美容院

在 3 个月的实践当中,张思雨他们发现学生能提供的技能有"To B"和"To C"两类。"To C"的技能主要是:简历美化、舞蹈、乐器、下棋、健身私教等才艺教授类,这类才艺变现有很多问题,比如客单价低、低频非刚需、信息杂乱等,必定会导向技能社交,但这又是个红海。所以他们果断转型,做"To B"的技能变现,又经过 1 个月的实践,才聚焦到三大类:新媒体、设计、视频,而且这三大类又恰好属于包装宣传,相互之间也能有联系。

由于他们首先服务的是中国的企业市场,而且这同时还是个双边市场,有精英、有企业,所以他们做的是挖掘精英人才,联通优质企业。张思雨团队认为一个简单、专业的中文名字更易于传播和推广,因此"精通"成为项目的新名字。项目重新定位并更换名称后,张思

图 10 这是第四代 logo，简单而接地气

雨团队参加了全国创新创业大赛，从海选到初赛、复赛、决赛，一路过关斩将，最终获得第三名，并拿到了 50 000 元的奖金。

团队的构成也逐渐发生了变化。最开始，身边相互间比较熟悉的同学团结在一起，利用碎片时间兼职做创业工作，虽然成本低，但是效率也低，只有靠增加人数才能保证工作的完成。后面融到资，有了粮草，他们就开始招兵买马，逐渐把原来全是兼职学生的团队换成了几乎都是全职的团队，人是通过朋友推荐和 Boss 直聘找来的，基本上是 100 个人里只决定录用一个人，因为要保证这个人有创业的态度，同时要能吃苦，忍受低薪，所以必须得多了解这个人，用情怀、团队和未来的发展去吸引他，进入团队后会能带动整个团队的效率提升。他们的产品主要有 App 和企业服务直通车，App 与客服会根据用户反馈不断地迭代。卖出产品后，他们组建了 BD 团队去拓展创客空间，通过一个空间去辐射空间内外的创业团队。

4 项目特色

4.1 市场定位

据国务院征信业监督管理部门统计，截至 2015 年末，全国企业总数达到 6 097.4 万户，2015 年全年新增注册企业数量 443.9 万户，平均每天新登记 1.2 万户，注册资本金 29 万亿元。

在国家政策号召和经济的推动下，2016 年企业的数量还在持续井喷式增长，99% 的企业都是中小微企业，对于中小微企业，精通做了如下总结：

（1）与大型企业相比，中小企业的首要特征在于企业规模小、经营决策权高度集中，但凡是小企业，基本上都是一家一户自主经营，资本追求利润的动力完全体现在经营者的积极性上。

（2）中小企业由于自身规模小，人、财、物等资源相对有限，既无力经营多种产品以分散风险，也无法在某一产品的大规模生产上与大企业竞争，因而往往将有限的人力、财力和物力投向那些被大企业所忽略的细分市场，专注于某一产品的经营以不断改进产品质量、提高生产效率，以求在市场竞争中站稳脚跟，进而获得更大的发展。

（3）面对当今时代人们越来越突出个性的消费需求，消费品生产已从大批量、单一化转向小批量、多样化。虽然中小企业作为个体普遍存在经营品种单一、生产能力较低的缺点，但从整体上看，由于量大、点多且行业和地域分布面广，因此，它们又具有贴近市场、贴近顾客和机制灵活、反应迅速的经营优势。

因此，精通选择了中小企业作为目标客户，针对中小企业提供个性化服务。

4.2 竞争优势

4.2.1 政策优势

作为大学生创业团队,他们享受国家相关政策优惠。具体相关政策如下:

(1) 大学毕业生在毕业后 2 年内自主创业,到创业实体所在地的工商部门办理营业执照,注册资金(本)在 50 万元以下的,允许分期到位,首期到位资金不低于注册资本的 10%(出资额不低于 3 万元),1 年内实缴注册资本追加到 50%以上,余款可在 3 年内分期到位。

(2) 大学毕业生新办咨询业、信息业、技术服务业的企业或经营单位,经税务部门批准,免征企业所得税 2 年;新办从事交通运输、邮电通信的企业或经营单位,经税务部门批准,第一年免征企业所得税,第二年减半征收企业所得税;新办从事公用事业、商业、物资业、对外贸易业、旅游业、物流业、仓储业、居民服务业、饮食业、教育文化事业、卫生事业的企业或经营单位,经税务部门批准,免征企业所得税 1 年。

(3) 各国有商业银行、股份制银行、城市商业银行和有条件的城市信用社要为自主创业的毕业生提供小额贷款,并简化程序,提供开户和结算便利,贷款额度在 2 万元左右。贷款期限最长为 2 年,到期确定需延长的,可申请延期一次。贷款利息按照中国人民银行公布的贷款利率确定,担保最高限额为担保基金的 5 倍,期限与贷款期限相同。

(4) 政府人事行政部门所属的人才中介服务机构,免费为自主创业毕业生保管人事档案(包括代办社保、职称、档案工资等有关手续)2 年;提供免费查询人才、劳动力供求信息,免费发布招聘广告等服务;适当减免参加人才集市或人才劳务交流活动收费;优惠为创办企业的员工提供一次培训、测评服务。

为引导大学生多渠道就业,尤其是鼓励自主创业和灵活就业,政府出台了《关于进一步做好普通高等学校毕业生就业工作的实施意见》。意见规定,对于自主创业的毕业生,可以在注册登记、贷款融资、税费减免、创业服务等方面获得扶持。大学生创业可以放宽一定的行业限制,比如,申办个体工商户、个人独资企业、合伙企业时,除法律法规另有规定外,将不受最低出资金额限制。另外,某些省市还对高校毕业生创业提供以下优惠政策,只要从事高科技、现代制造、现代服务业等行业、领域的投资与经营,还可将家庭住所、租借房、临时商业用房等作为创业经营场所。

综合上述政策,他们认为,大学生创业容错率相对较高,融资渠道相对较宽,公关难度相对较小。

4.2.2 身份优势

在互联网时代,作为大学生创业团队,身份优势有几个方面:

(1) 知识领先,大学生具有较高层次的知识,是一个知识、智力和活力都相对密集的群体,具有较强的专业能力,因此,知识资源成了大学生创业的最大优势,如计算机网络知识。

(2) 作为新生代的创业分子,年轻有活力,勇于拼搏,无太重负担,具有较强的社会适应能力;自信心较强,对自己认准的事物会有激情去体验。在创业过程中,他们即使遇到困难,也有比较强的抗压能力,能够凭着自己一腔创业热血,积极地去解决和改善,这有利于对创业的坚持。

(3) 他们有相对较强的领悟力,自主学习知识的能力强,善于接受新事物;思路活跃,创意新颖,能将所学的知识很快内化为能力、外化为创造活动。具有创意就意味着能创新,创新能力来源于创造性思维,一个成功的创业者一定具有独立性、求异性、想象性、新颖性、灵感性、敏锐性等特质。因此,创意能力影响着创业实践,是促使创业实践活动顺利进行的首要条件,主要包括在专业、经营管理等方面的创意,因此是创业基本素质的重要组成部分之一。

4.3 产品特色

4.3.1 产品总览

图 11　精通界面

精通是一款高性价比的初创企业美容院平台,在共享经济条件下,让技能精英在闲置时间出售自己的技能服务企业。

4.3.2 服务内容

精通为企业提供设计、新媒体代运营、视频三类服务。文、图、视频能构成一个企业的形象,精通通过这三类服务包装企业形象,提升企业运营效率,节省公司成本。

4.3.3 服务模式

共享模式:将技能精英空闲时间出售,匹配对接企业设计、写手、视频三方面需求,高性价比解决企业用人需求。

直通车模式：企业如有紧急需求，通过精通平台直通车，可以直接将需求对接精通旗下的技能工作室，高效完成订单。

4.4 盈利模式

4.4.1 盈利综述

精通盈利多样化，以提现、直通车服务、广告为初期盈利，未来将会通过培训、猎头、商城、互联网金融服务实现平台的全面盈利。

4.4.2 提现

用户在 App 交易后获得技能报酬，在提现时会被收取 5% 手续费，作为向支付平台支付的手续费和服务费。同时，通过 App 钱包留存资金，形成平台的资金池，为 App 开设商城、金融等服务作铺垫。

4.4.3 直通车

精通通过自营工作室或签约工作室的方式，发展直属技能团队，企业可以选择加急服务，直接对接公司旗下的工作室，更快速高效地解决企业需求；同时，他们依托工作室可以完成高标准的订单。对于签约和直营工作室，公司会抽取 20%～30% 的佣金。

4.4.4 广告

在平台不断发展过程中，精通将开展跨界合作，精准向企业和技能精英推送广告，收取相应广告费用。

4.4.5 未来盈利规划

"精通"未来将涉足培训、猎头、互联网金融三大盈利板块：

（1）培训：通过对新手和精英的技能培训，实现技能培训盈利。

（2）猎头：依托精英大数据库，为精英生成技能简历，为企业提供猎头服务。

（3）互联网金融：在平台形成资金池后，开发理财等板块的金融服务。

4.5 市场营销

4.5.1 用户分析

精通用户有企业和精英两种，针对企业和精英，将会根据用户不同、服务不同开展不同的推广策略。

（1）企业

现如今，初创企业多聚集在孵化器及其周边地区，写字楼也是企业聚集地，对孵化器内初创企业进行地推是推广的主要策略。

（2）精英

精英主要分为三类，分别是高校技能学生、自由职业者和职场白领，鉴于职场白领空置时间较短和公司相关规定限制，主要对高校技能学生和自由职业者推广，对高校可以通过校园团队地推、与相关专业院系洽谈等合作方式推广,对自由职业者主要通过线上渠道推广。

4.5.2　产品分析

(1) 产品优势

① "精通"打破传统佣金模式,以免费对接的方式服务初创企业。

② "精通"的竞拍模式能提高企业服务的性价比。

③ "精通"的直通车模式方便快捷,能最快最高效解决企业紧急需求。

(2) 产品劣势

① "精通"平台的精英考核困难,对新人的审核准确度不高。

② "精通"的技能用户锁定很精准,但是拓展速度慢、成本高。

③ "精通"的订单是高客单价服务,容易出现跳单问题。

(3) 发展机遇

① 市场容量大:初创企业井喷式增长,企业服务类项目发展机会巨大。

② 企业服务高频、客单价高,未来盈利稳定并能不断快速增长。

(4) 威胁

① 被模仿后的市场竞争。

② 资金限制了市场拓展速度。

4.6　推广策略

(1) 线下地推

线下地推对象为企业和高校精英,企业聚集在众创空间等孵化器及其周边写字楼;高校精英群体固定,校园传播快速高效。

(2) 线上宣传

线上推广的主要对象为企业和自由职业者,通过自媒体渠道宣传,侧重于企业服务类、技能培训类等传播平台。

(3) 活动渠道

对企业和精英分别举办相应的活动,吸引新用户的同时提高"精通"品牌形象。

(4) 战略合作

与企业服务类平台合作共赢,增加企业订单;与高校专业院系合作,直接提供高校精英人才。

4.7　战略规划

4.7.1　战略综述

目前 App 1.0 版本已经完成上线,并在上海杨浦区有了初步的发展,应根据各项用户数据和 App 2.0 更新情况科学规划短期、中期和长期发展目标。

4.7.2 战略规划

（1）初期规划（2016年8~10月）

在初期，精英人才用户远多于企业用户，应重点挖掘需求。

月市场目标：新增企业用户400位，新增精英用户800人，总订单100单。

月营收目标：现每月成本为办公室租赁及耗材0.6万元，员工薪资3.7万元，其他0.5万元，总计4.8万元；月营业流水12.5万元；月利润1.3万元。

（2）短期规划（2016年10月~2017年4月）

2个月覆盖上海杨浦区，4个月覆盖上海，同步准备南昌分公司成立。

预计6个月成本：办公室租赁及耗材4.2万元，员工薪资29.6万元，其他6.3万元，总计40.1万元。

计划6个月营业收入：流水450.5万元，利润45.1万元。

（3）中长期规划（2017年4月~2019年4月）

2年时间在北京市、江苏省、广东省、浙江省、福建省成立分公司，覆盖重点区域，3年覆盖全国大部分地区；目标年营业收入突破千万元，目标年净利润突破300万元。

重要伙伴： B2B企业，高校伙伴，自媒体伙伴，投融资伙伴	关键业务： 设计，视频制作，新媒体运营，营销咨询规划，营销推广 核心资源： (1) 丰富的校园渠道资源； (2) 丰富的媒体渠道资源； (3) 立足复旦、同济、财大等高校	价值主张： 最高性价比的初创企业美容院	客户关系： (1) 为企业客户提供最高性价比的服务； (2) 为企业客户提供最为高效、最快捷、最直接的服务； (3) 精英技能变形 渠道通路： (1) 线上自媒体运营； (2) 线下市场部扎根上海杨浦区向外拓展	客户细分： (1) 初创企业； (2) 小老板； (3) 个人需求
成本结构： App运营成本、网站运营成本、品牌推广成本			收入来源： (1) 线下为客户执行订单的服务收入； (2) 线上App订单成交收入； (3) 衍生服务收入； (4) 品牌合作商加盟资源共享收入	

图12　商业模式画布

5　案例点评

精通团队的名字从最初的 Together 转变为精通,项目内容也从最初的大学生兴趣社交,转向大学生技能交易平台,最终定为基于共享经济的企业美容院。精通的创业历程可以定义为标准的精益创业。

精益创业的核心理念可以追溯到软件行业的敏捷开发管理。例如,"最小可用品"与"原型建模"非常相似,都追求快速的版本迭代,以及时刻保持与客户的接触并获得反馈等。而精通从正式提出概念、内部讨论,到客户反馈、出 Demo 让一小部分用户尝试,正是运用了最小化可行性产品(minimum viable product)的思维模式,让精通可以快速获得市场一线的信息,在整理和收集用户反馈后,迅速改变企业战略,最后打磨成面向有支付能力的 B 端,定位于在"大众创业、万众创新"的背景下迅速崛起的中小微企业,切入每家公司都需要的设计、新媒体运营、视频三类刚性服务。

在预期收入方面,精通目前采用提现收取手续费、直通车收取加急服务佣金以及推送广告这三种方式,目前已经形成了正收益,这在刚成立 2 年的公司中实属难得。同时,又对未来提出了培训、猎头、互联网金融这三个充满想象力的方向,让企业有着光明的未来,可以受到资本市场的青睐,为企业模式稳定后的迅速扩张打下基础。

同时,在企业扩张阶段,如何拓展和锁定较低成本的设计、运营、视频这三个主营方向的服务供给端,同时保证服务的高质量,需要企业进一步的思考与摸索。

【服务＋健身】

约　健

1　创始人简介

刘立新：创始人，哈尔滨工程大学通信工程本科及上海大学工商管理硕士。软件开发和销售出身，负责公司全局业务。在移动通信网络和运营领域拥有10年以上运营管理经验。2013年荣获普陀区"青年英才"称号。

吕博：联合创始人、技术研发总监，北京邮电大学软件工程专业硕士；负责网站及手机端的开发以及数据挖掘；10年以上软件开发及数据搭建经验；是多款坦克集控系统项目负责人，负责系统设计和研发；软件开发出身，拥有超过10年的工作经验，负责公司软件系统开发和管理。

王莉：联合创始人，上海财经大学工商管理硕士，销售出身，拥有12年的工作经验，负责公司场地拓展和运营、渠道地推、运营管理、市场战略规划，具备丰富的市场拓展能力及团队协调能力，做事追求高效。

寅生：联合创始人，上海财经大学工商管理硕士，创业学院匡时班二期学员，上海财经大学商学院校友会理事，上海财经大学优秀毕业生。业务拓展出身，拥有8年的工作经验，负责公司公共关系和第三方合作伙伴的导入、公司新业务设计和拓展、商务合作拓展；呼伦贝尔非公经济研究会副秘书长；曾任职于博世集团。

2 项目概述

以WiFi技术作为突破口，采用B2B2C的模式，通过为健身房铺设WiFi网络切入运动健身领域，上海芭欧通信技术有限公司及上海卷柏信息技术有限公司逐渐摸索出了一套以场馆和会员增值运营为核心，以健身场景化互动营销和企业智能职业健康解决方案为突破口的商业模式——约健。

上海芭欧通信技术有限公司（SINCOM）由一群具有海外背景的工程师创立于2009年，总部位于上海天地软件园区，在北京设有分公司。这是一家致力于为客户提供移动通信和图像智能识别领域的新产品、新服务的上海市高新技术企业，目前拥有工信部颁发的通信信息集成丙级资质、11项软件著作权和一个实用新型专利，是科技部和上海市中小企业基金资助企业。芭欧公司一直专注于无线技术服务及技术研发，2010年为上海世博会提供通信技术保障服务，2013年凭借无线通信技术的开发，获得上海市高新技术企业名誉称号，在无线网络优化和保障方面有着深厚的技术积淀。芭欧公司无线技术应用围绕着客户的移动上网需求,在提供优质 WiFi 的基础上,实现 O2O 的创新融合应用,在给消费者提供上网便利的同时,通过 WiFi 应用平台实现企业自身文化和价值观的展现,并提供大数据的统计和分析。芭欧公司目前的独特竞争力是把网络优化技术、网络搭建技术、基于无线网络的软件应用技术融合为一体,以完整的解决方案的形式展现出来。相对于目前传统的硬件销售方式、软件销售方式,解决方案销售形式更具竞争力。

上海卷柏信息技术有限公司成立于 2014 年,总部位于上海,是一家致力于为传统服务消费场景提供增值服务解决方案的技术型企业。

图 1 创始人合照

3 创建过程

2014 年,一个偶然的机会成为"约健"重要的起点。那时,芭欧公司组建了一个专门提供 WiFi 应用技术解决方案的团队。2014 年 6 月,芭欧公司有幸承接 NIKE 世界杯市场活动的 WiFi 应用技术解决方案。合作下来,NIKE 高度认可芭欧公司技术开发和服务保障能力,于是 NIKE 提出能否在某些场景永久性部署 WiFi,为其做移动广告营销。

中国运动健身产业正在爆发,越来越多的人开始关注自身及家人的健康,从 2011 年起,据统计有超过 2 200 万人选择到健身房运动,每年新增超过 500 万人,已形成千亿元的市场规模。而约健想做的,是以 WiFi 技术作为突破口,采用 B2B2C 的模式,通过为健身房铺设 WiFi 网络切入运动健身领域,逐渐摸索出一套以场馆和会员增值运营为中心,以健身场景化互动营销和企业智能职业健康解决方案为突破口的商业模式。

于是,约健就开始和行业领导者一兆韦德健身洽谈合作,这是约健第一个合作谈判对象。通过有效地整合分散的场馆和会员资源,一方面通过精准化营销为场馆和会员提供增值服务,另一方面通过"约健身"服务为场馆导入新会员,结合自主开发的运营数据决策支持系统,形成了完整的商业闭环,目的是打造约健这一中国领先的健身场景增值服务平台。

目前,同行业的友商有小熊快跑、Kepp、火辣健身等,它们是通过线上通用会员卡、轻视频应用的方式来给健身用户提供服务。相比而言,约健的优势在于立足健身场馆和会员来运营,通过利益捆绑、整合分散闲置资源的模式,实现场馆、会员、第三方、约健等多赢局面。

约健从正式立项至今已经成功持续运营 11 个月,前期也曾经历曲折和困难,进入 2016 年下半年以来,运营效果显著提高。目前,独家签约超过 300 家大中型健身场馆,覆盖 220 万名会员,在上海市场占有率超过 30%,合作典型客户包括 NB、光明、正官庄、微众银行、MO 和加多宝集团等。

约健项目立项之初是以"重要职能确定核心团队、主要需求确定骨干团队、明确定位确定执行团队"的理念组建整个团队。核心团队是由 4 个人构成,也就是上面提到的刘立新、吕博、王莉和寅生。未来 5 年内的人力资源目标和规划为:团队总人数达到 60 人左右,其中研发及技术实施人员达 40 人,公司在省外建立分支机构和销售中心、服务中心,市场销售和服务人员达 20 人左右。在国内主要省份建立 5~10 个分支机构或办事处。

团队考虑到在其他一线城市市场开发的成本和速度风险,因而打算通过城市合伙人方式加快推进速度、降低成本。"约健"项目在立项之初就明确外部投资的注入是项目的助推剂,自身模式的盈利是项目的立足点。2016 年 4 月获得 300 万元人民币天使轮投资,投资方是一位个人投资者。项目本身的特点决定了发展前期速度平稳,后期爆发力强,壁垒明显。2016 年公司计划在强化运营的基础上,继续拓宽自身盈利和外部融资的渠道。

预计 2016 年实现与 600 家商业健身门店、80 家普通健身场馆合作,会员数量 400 万人,日活跃会员数量 15 万人。到 2017 年与 1 200 家商业健身门店、400 家普通健身场馆合作,实现会员数量 800 万人,日活跃会员数量 32 万人。

随着 WiFi 技术的发展,其趋势将是在给消费者提供上网便利的同时,也能够成为商家的公共自媒体,所以只要商家有自我价值展现的需要,这个实现起来廉价而灵活的平台就会无处不在。随着消费者需求的日益提高,商家对 WiFi 网络越来越重视,同时成本投入也会越来越多,WiFi 将不仅仅是一个上网的工具,更是一个综合价值实现的平台。

全民健身现在已步入一个新的时代,大多数 80 后、90 后正踊跃地投入健身项目中来,据相关数据统计,健身场馆的活跃人群中,95% 年龄分布在 22~40 岁,他们是健身馆消费的主力人群。目前,约健覆盖上海 30% 的健身场馆,每日平均到店人数 200 人,每日产生大量消费需求。基于 WiFi 技术和这么多健身场馆,约健将开展以下工作:

(1) 第一阶段:市场推广服务

设计服务:① 结合产品特点,制订市场宣传策划方案;② 产品宣传海报设计;③ 活动方案设计;④ 私教捆绑宣传方案设计;⑤ 产品拍摄修图,产品上架、优化;⑥ 选定产品并设定价格及促销爆款细节设计。

展示渠道：① 场馆内镜框展示(硬广告)；② 场馆内巨幅墙体展示(硬广告)；③ 场馆内易拉宝；④ 场馆内 WiFi 广告媒体(图片、视频、App 推广)；⑤ 场馆内实体展示；⑥ 场馆私教及工作人员体验式推广。

(2) 第二阶段：产品销售过程

① 加强线下拓展推广、线上宣传等活动，提高成交订单；② 把店铺现有的产品进行信誉提升；③ 产品供货、补货的跟进；④ 销售数量统计和分析；⑤ 确定主推产品及关键词的市场定位，广告图片设计、海报设计、捆绑宣传方式的调整等。

(3) 第三阶段：品牌树立

① 加强线上线下整合营销活动，打造爆款；② 引流推广，提升转化率、销售额，确定各项运营指标；③ 口碑营销，竖立品牌。

4　项目特色

重要伙伴： 智能硬件等生产厂家、连锁型健身房、户外运动俱乐部	关键业务： 健身场馆增值业务、网络系统搭建及数据挖掘	价值主张： 打造中国领先的健身场景增值服务平台	客户关系： 通过整合分散闲置资源，实现场馆、会员、第三方、约健等多赢	客户细分： 需要拓展健身场馆市场的厂家、希望提供增值业务或者网络系统的场馆、需要服务平台的户外俱乐部
	核心资源： 第三方品牌资源、供应链体系及约健团队		渠道通路： 商业健身会所、普通健身场馆、约健网络平台	
成本结构： 平台开发维护、销售推广、管理费用			收入来源： 服务佣金、广告收入、增值服务	

图 2　商业模式画布

一个企业要想在市场中赢得胜利，首先必须明确自身的定位。定位就是企业应该做什么，它决定了企业应该提供什么特征的产品和服务来实现客户的价值。约健在拥有 WiFi 商业应用技术的领先优势下，又该如何通过技术创新实现更大的商业价值，提高公司当前和长远的经济效益呢？

首先应确定的是客户定位与价值。通俗一点来说就是谁是你的客户？你能给客户带来什么价值？客户价值主张是商业模式的核心要素，一个产品首先需得有其价值，才可以实现交换，这是商业模式探讨的基础。

4.1　目标客户

随着移动互联网的快速发展，消费者对于移动互联网流量需求逐渐增大，一直常用的

2G、3G、4G 网络费用相对昂贵，WiFi 网络是免费的，这无疑使得 WiFi 网络成为用户的首选网络。现在，WiFi 已经渗透到用户生活的诸多方面，而中国现有的 WiFi 覆盖率仍然较低，并且大多数公共区域的 WiFi 网络质量也不是很稳定，在这种发展需求下，WiFi 的品质和深层应用开发将是商家更为重视的角度。由于 WiFi 无线技术作为基础通信方式的一种已无处不在，所以 WiFi 新技术的应用也将随之有着巨大的潜在需求，各行各业都有可能是 WiFi 商业应用技术的目标市场。

4.2 客户价值

就目前为止，90%的商业 WiFi 仍仅作为用户上网的基础工具而已。WiFi 作为一个上网的入口这个潜在价值还没有被真正挖掘，因为这需要技术的支持，涉及硬件接口的升级和软件的定向开发，以及表现形式的设计与策划。所以在 WiFi 深层应用技术还没有被包装成一套大家看得懂的解决方案或产品时，WiFi 使用商家并不知道在这个基础上，他们的需要是什么，因为未曾见过，就像苹果手机在未问世前，大家对智能手机没有概念一样。所以结合这项新技术，挖掘和引导客户需求，提供一套切实可行的解决方案将是这项技术的价值所在。那么在研究解决方案之前，需要先清楚的是 WiFi 商业技术应用具备哪些基本特征，这些特征可能被哪些行业或企业优先喜欢。

WiFi 商业应用的几个特点：第一，优质无线网络免费使用。第二，媒体媒介平台具备广告价值。第三，具备数据采集及统计分析功能。第四，移动端很好的导流效果。第五，"互联网+"落地的最好纽带，这个纽带可以实现传统企业与科技的互联、行业上下游的互联，甚至平行行业间必要的互联。

基于上面五点特性，WiFi 商业应用技术能给客户带来的价值就比较清晰了。首先是媒体性质，因为作为无线网络入口具备大量的使用人群，所以其广告价值随之产生，并且相较于传统广告形式，具备一定的新颖性和补充性。另外由于 WiFi 的进场特征，非常适合于广告主进行精准人群营销。

其次是导流性质，在互联网高速发展的今天，各大电商运营平台应运而生，其主要营业收入是产品销售，在销售前期及平台运作过程中，平台运营商最关心的是平台人流量的增加。能帮平台带来流量，将是 WiFi 应用技术在导流方面的价值所在。

再次是大数据性质，无线网络具备数据采集、储存功能，通过软件开发和云计算可以对这些孤立的数据进行整理及分析，如人流量统计、驻留时间统计、定位信息统计、模块点击信息统计等。结合商家原有会员等基本信息，可以进一步分析用户的属性数据。当这些数据积累到一定量级时，通过解析、提取、模型架构的建立将能整理出一套可落地的数据报告，帮商家在精细化的管理、营销、运营方面带来更有效的参考，如图 3 所示。

只是目前对于大数据的统计和分析在细分市场的应用还处于起步阶段，其商业价值没有完全市场化，其盈利模式在目前阶段也还不成熟，像电信这样的具有庞大数据源的公司，也还未真正实现数据商业化。未来能让数据更具价值的方法就是结合客户需求进行

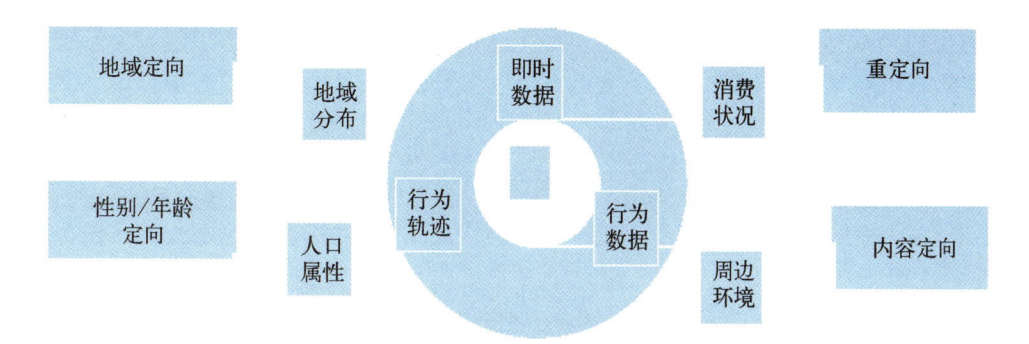

图 3　WiFi 平台数据采集

精准和综合的行业分析。

最后,"互联网+"落地纽带价值,在"互联网+"经济发展形式下,对于传统行业而言最难的不是互相做生意,而是如何通过资源整合实现更大的经济价值,如同苏宁不借助于有效的科技力量就无法和京东抗衡,没有创新技术的融合就不会有 O2O 业务运营一样。WiFi 商业应用作为"互联网+不同行业"的纽带,在不同的商业融合下可以延伸或创造出不同的商业模式。比如在健身、健康行业,通过该应用可以实现产品商和场地方新的媒体合作形式,即 O2O 的新媒体模式,实现媒体展现的线下直观优势和线上易传播优势,同时实现用户数据采集和分析。

4.3　盈利模式

在探讨基于 WiFi 商业应用这个创新技术实现盈利分析之前,先了解下目前常见的几种商业模式。传统模式是企业与企业之间做生意,即 B2B 模式。互联网模式是通过互联网实现服务或产品的销售,代表企业是淘宝、京东,具体表现在 B2B 或 B2C。移动互联网模式和互联网的最大差别是,一个是在手持式终端操作,一个是在 PC 端操作,对应的业务模式基本是一样的。"互联网+"模式,即企业与企业实现整合,创造出了一种新的商业模式,提供给消费者另一种体验和服务。简单的模式是(B + B)2C,或(B + B)2B。

选择不同的商业模式决定着公司不同的盈利模式和不同的市场风险,具体分析见表 1:

表 1　　　　　　　　　　　　　　盈利与风险

模式	模式简介	优点	缺点
传统模式	挖掘客户需求—策划解决方案—实现解决方案—成本核算及定价—卖给客户—后期运营维护	启动资金较低,销售团队规模起初可以不用很大,实施风险较小,现金流回收较快	市场规模拓展速度缓慢,短时间内行业影响力较小,在失去竞争优势时,很容易被更大的公司挤压;成为一家有影响力的企业需要花的时间会很长

(续表)

模式	模式简介	优　点	缺　点
互联网模式	挖掘个人消费者需求—成本核算及资金准备—产品设计—推出产品/平台—平台运营—营收后置	若前期定位准确、资金充分,将容易筑起行业壁垒,能快速提升行业影响力,加强竞争优势	启动资金较高,团队规模建设要求较高,在市场定位不清晰的情况下,实施风险较大,营收后置
"互联网+"模式	挖掘行业/企业需求—设计双方对接方案—实现(跨界)合作—共同推出产品/平台—平台运营—开始营收	启动资金较低,或介于传统模式和互联网模式;团队规模建设要求较高,鉴于合作方对市场的熟悉,产品定位方面会相对准确,即实施风险较小;营收方式比较灵活,可以在初期或中期对产业链上的企业进行方案或数据的销售,也可以在后期通过个人消费者实现盈利;可以较早地筑起行业壁垒,提升行业影响力,增强企业竞争优势,持久性更好	相较于互联网模式,公司发展速度稍慢

通过对上面三种模型的盈利和风险的分析可以看出,不同的模式有不同的风险。结合芭欧公司实际情况,在新业务的投入和发展过程中,前期投入较大,且收益不一定有保障,所以应采取由易入难的方式,即前期选用启动资金较低、销售团队规模不用很大、实施风险较小、现金流回收较快的方式,即传统模式。在技术不断成熟、市场不断明确的情况下,对业务发展进行准确定位,筑起行业壁垒,能快速提升行业影响力,加强竞争优势,即互联网模式。随着公司规模的增大、行业壁垒的加强,在产品定位的准确性加强的基础上,可以开始对产业链上的企业进行资源整合,实现几方共赢。同时也可以通过终端个体消费者实现盈利,进一步增强企业竞争优势,即"互联网+"模式。这三种模式不可同时进行,需要依据芭欧公司实际情况分阶段进行,第一阶段为传统模式,第二阶段为互联网模式,第三阶段为"互联网+"模式(如图4所示)。

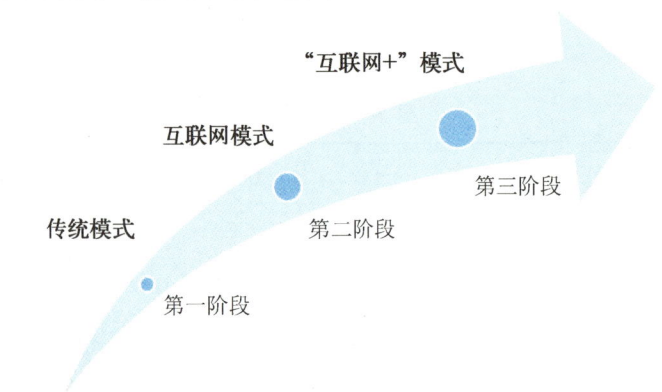

图4　商业模式阶段性计划

(1) 第一阶段：传统模式的具体开展计划

通过对客户价值的分析结果，再结合市场在不同领域内成熟度的不同，WiFi 商业应用技术的媒体价值和导流价值更容易被市场接受和需要，适合采用传统模式，媒体价值的目标客户可以定位在每年投放大量广告的一些知名品牌，如汽车、楼盘、化妆品、运动品牌、数码产品等。导流价值目标客户可以定位在急需拓展移动端市场的电商网站或新型电商平台，如京东、1 号店、淘宝、百度、视频网站等。同时，产生的大数据将是对媒体价值和导流价值的补充，但因其发展还不完善，市场接受能力还处于起步阶段，所以目前还不能实现独立盈利。这个阶段的模式基本确认为企业对企业(B2B)的传统业务模式。具体媒体和导流价值在商业应用领域的体现如图 5 和图 6 所示：

图 5　WiFi 商业用户上网流程(图例来自芭欧公司)

图 6　WiFi 商业应用媒体展示界面

第一阶段业务盈利分析：以传统业务模式为例，按目前市场需求与销售进度，可拓展业务单到 10~20 个/年，可实现营收为 500 万元左右。具体方案实施内容如下：

第一，硬件架构的实施，系统集成的实施。

第二，应用软件，在 WiFi 应用页面深层研发过程中，其功能越来越丰富，可以理解成一个无须下载的 App，在上面可以实现各方需要的多功能展示内容。

第三，通过 WiFi 测试软件实现长期稳定的运维保障。

第四，大数据统计与分析，数据统计可以分为网络层和应用层，从不同的视角展现不同的内容。比如对于单个会所门店可间接反映其管理水平的数据，也可以站在行业统计的角度，通过对基层数据的统计和分析进行提炼和行业展现。

解决方案里基本成本构成是硬件采购成本、技术人员薪资成本、软件前期开发成本、后期运维成本、公司管理成本分摊等，通过这些可以计算出方案的成本底价。在此底价上，增加利润可以依据客户的接受程度进行灵活溢价。

（2）第二阶段：互联网模式的具体开展计划

在第一阶段发展的基础上，通过与不同行业合作进行准确定位，筑起行业壁垒，这样能快速提升行业影响力，加强竞争优势。假如第一阶段开发的客户有体育用品品牌、展览展会公司、汽车品牌、化妆品品牌等，那么对应的线下实体定位应该是这些品牌愿意合作和需要的行业或场地，如健身运动、健身场馆综合生态圈，汽车 4S 店，美容院等连锁规模的资源。为了快速筑起行业壁垒，定制化的 WiFi 商业应用解决方案可以优惠提供给准备圈入的场馆。

（3）第三阶段："互联网+"模式的具体开展计划

随着公司规模的增加、行业壁垒的加强，在产品定位的准确性加强的基础上，可以开始对产业链上的企业进行资源整合，实现几方共赢。

那么如何判断应该和哪些行业进行整合呢？可以从下面这几个方面来分析：

第一，通过整合可以让消费者得到便利和实惠，让整合的多方参与者实现共赢，倡导"商业大同"，同时彼此的品牌得到提升、产生互补。

第二，整合双方的目标消费群是否一致。如果合作双方的目标人群市场是一致的，则具备了相互整合的基础。在后续的合作过程可以通过合适的契机，实现服务或产品的联合，比如健身场馆和运动鞋服的品牌商，其宗旨都是为了给健身运动爱好者提供更好的体验和产品。

第三，企业战略价值一致。俗话说，道不同不足为谋，志同道合才能成为互相合作借力的伙伴。传统业界，一个行业里会有很多企业，而面对互联网时代，多少都考虑过如何嫁接互联网思维，要么公司新成立互联网研发部门，要么和互联网公司联合，在这个联合的过程中，合作企业之间如果战略价值不一致，是很难相互达成战略目标，做到很好的协调，有的放矢，避免浪费资金投入的。

第四，优化共赢价值。美好的愿望和战略都需要最后的落地和变现，所以优化后的价值共赢是很实际、很重要的，跨行业整合要在整合形成的利益平台上，首先让消费者利益最大化，并在此基础上实现各自利益的最大化，其中任何一方利益受损都会导致合作的平台倾斜。倾斜的局面如果不能及时挽回，双方的合作就可能会破灭。

以体育行业为例，客户定位在最具行业知名度的 NIKE 和 adidas，经过分析，NIKE 在市场宣传方面对移动式媒体有需求，依据这个需求，结合 WiFi 技术的媒体性，设计出适合 NIKE 需求的解决方案，局部展示如图 7 所示：

图 7　WiFi 商业应用 NIKE 展示界面

通过和 NIKE 的沟通，在对解决方案及方案报价达成统一后，开始落实方案，在原技术架构基础上进行设计、调整和实现。项目交付后，进行运维保障工作及后续的数据分析工作。

上面这个过程即属于商业模式的第一个阶段：B2B 解决方案销售阶段。在这个阶段继续开展的过程中，需要开始考虑哪些渠道是 NIKE 这类产品会高度合作的线下资源环境。通过市场调研得知，健身运动场馆正是这些对应资源，掌握这些信息后，第二阶段开始启动，挖掘健身会员的消费需求。健身场馆的业务需求，在这个需求分析的基础上，设计出对应的解决方案及运作模式，以最有效率的形式进行圈地，建立行业壁垒。其中什么是最有效的方式？场馆为什么能快速愿意达成合作？这是客户需求挖掘和技术实力的综合展现。

同样基于 WiFi 商业应用技术的客户价值可以知道，通过 O2O 形式，给健身会所在原有盈利模式基础上提升效率、提高增值服务，体现在以下三个方面：

(1) 给健身场馆会员带来优质上网服务。
(2) 通过 WiFi 应用方案，给合作场馆在原有盈利模式基础上增加其他收入。
(3) 基于合作平台进行资源整合，拓展新的营收模式。

具体形式如图 8 所示：

通过健身场馆圈地过程比较难盈利，而且是烧钱投资，所以对这个过程的时间节点及实施效率要控制好。当合作数量达到可以形成行业壁垒时，圈地业务拓展可以暂时放缓，

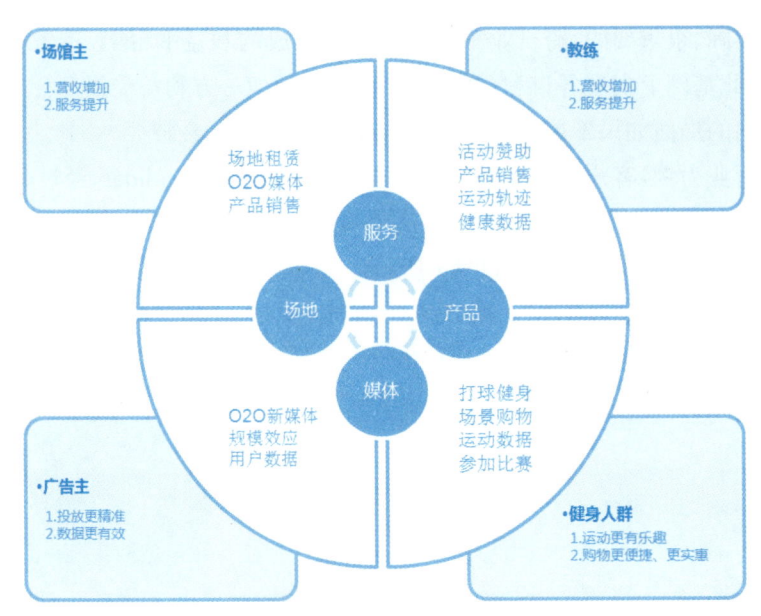

图 8　WiFi 商业应用产业链

业务重点应转移到第三个阶段——产业链资源整合的业务推进阶段,同时进行业务盈利性分析。

4.4　关键资源

关键资源和关键流程考验的是一个企业的执行能力,比如执行团队、技术研发能力、公司制度和文化、日常管理水平等。

4.4.1　公司制度文化

芭欧公司除实施严格的绩效考评外,更多给予员工精神和物质上的表彰,同时对优秀员工进行股权激励。另外,不定期组织跨部门的活动,像户外拓展、演讲比赛、节假日茶话会等,让员工之间的感情更融洽,同事之间的沟通更顺畅。团队的业务水平和执行力很强,具有创业公司的积极和主动性。

4.4.2　技术开发和项目实施能力

图 9 中三大颜色板块对应的九项服务内容,无论是单个服务还是整体方案实施,芭欧公司都进展得比较顺利,专业性较强。

5　案例点评

健身是传统的生活内容之一,在当前互联网无孔不入的情况下,这一传统产业也不能例外,"约健"项目是"互联网+"浪潮中的一员,可以说是健身行业长期以来难以得到解决的"痛点"与"互联网+"的出现共同催生了"约健"项目。

图9　芭欧WiFi商业应用技术解决方案

"约健"项目的核心在于其商业模式上的创新。"约健"以WiFi技术作为突破口,采用B2B2C的模式,通过为健身房铺设WiFi网络切入运动健身领域,打造出一套以场馆和会员增值运营为中心,以健身场景化互动营销和企业智能职业健康解决方案为突破口的商业模式。这个新型的商业模式以解决健身人员"痛点"为目标,实现了价值发现;进而通过B2B2C的模式,与健身房合作实现了价值创造;最后,通过增值实现价值占有。

但是,在如今的商业环境里,最好假设大多数商业模式的生命周期都很短,即使是那些成功的模式也只会是昙花一现。"约健"的商业模式在具有创新性的同时也存在很强的可复制性,"约健"在诞生的同时,也面临着很多已有和潜在的竞争者的威胁,所以"约健"如何进一步通过持续管理和调整商业模式来延长其寿命是非常重要的事情。